आशावादी बनें

स्वेट मार्डन

कल्पना प्रकाशन
दिल्ली-110033

आशावादी बनें

©	:	सुरक्षित
प्रथम संस्करण	:	2023
ISBN	:	978-93-83725-35-9
मूल्य	:	395/-
प्रकाशक	:	कल्पना प्रकाशन बी–208/ए, गली नं. 2 मजलिस पार्क, आदर्श नगर दिल्ली-110033
आवरण/लिपि सज्जा	:	श्री राज ग्राफिक्स, दिल्ली-33
मुद्रक	:	आर. के. ऑफसेट, दिल्ली-32

Ashavaadi Bane 395/-
by Swett Marden

अनुक्रम

जैसा मन, वैसा तन

इस दुनिया में बहुत तरह की चिंताएं हैं। हर किसी को किसी न किसी तरह की चिंता सवार है, इसलिए मनुष्य सबसे ज्यादा दुखी रहता है। हालांकि इन चिंताओं को जन्म इंसान खुद ही करता है। फिर खुद ही परेशान भी होता है। जैसे-जैसे दुनिया में तरक्की के रास्ते खुलते जा रहे हैं, जैसे-जैसे चिंता नामक यह बीमारी तेजी से बढ़ रही है। सारी बीमारियों के डॉक्टरों की दुकान भी चल पड़ी है। फिर भी यह बीमारी फैलती ही जा रही है। इसी बीमारी में डूबकर इंसान खुद ही अपने लिए नई-नई मुसीबतें खड़ी किया करता है।

इनमें भौतिक चिंताओं का प्रकोप कुछ ज्यादा ही रहता है और मनुष्य की परेशानी अधिक घातक बनती चली जाती है। ये भौतिक चिंताएं, एक प्रकार से मनुष्य खुद पैदा करता है। हालांकि उसकी यह रचना बिल्कुल अनजाने में होती चली जाती है। इन चिंताओं का कारण होता है मनुष्य की जरूरतों का बढ़ना। कल्पना कीजिए, जब मनुष्य कम-से-कम बुनियादी जरूरतों के ही सहारे जीवनयापन कर लेता था। पेट भरने के लिए उसे थोड़ा-सा भोजन, शरीर ढकने के लिए थोड़े कपड़े और सिर छिपाने के लिए धरती और आकाश के बीच छत से गुजारा हो जाता था। धीरे-धीरे उसे भोजन में स्वाद तथा विभिन्नता की जरूरत महसूस हुई और उसने तरह-तरह के व्यंजनों का आविष्कार किया। इसके बाद कपड़ों के आकार, रंग और रूप पर उसका ध्यान आकर्षित होने लगा, तो उसमें बहुत तरह के बदलाव किए गए। सिर्फ छत से उसका मन

नहीं भरा, इसलिए हाउसिंग सिस्टम में भी विकास किया जाने लगा। फिर चलने-फिरने में उसे गति की जरूरत महसूस हुई और उसने पहिया बनाया जिससे वाहन तथा परिवहन का युग शुरू हुआ। रोज-रोज जरूरत के चाबुक की मार से वह बढ़ता गया और चिंताओं की भौतिक दलदल में खुद ही फंसता चला गया। आज यह स्थिति है कि चिंताएं उसके जीवन का अंग बन चुकी हैं। ये चिंताएं मनुष्य के जीवन को दीमक की तरह चाटे जा रही हैं।....मनोवैज्ञानिकों का कहना है कि आज कोई व्यक्ति चिंतामुक्त नहीं है। यानि चिंता को मानव प्रकृति में शामिल कर लिया गया है। यदि आप किसी व्यक्ति को सलाह दें कि भाई चिंता मत किया करो....तो वह आपको ऐसे देखेंगे जैसे आपने कोई अनोखी अथवा असंभव बात कह दी है। परंतु सच मानिए, वह व्यक्ति खुद चिंतामुक्त होने का तरीका सोच रहा होगा और कोई आश्चर्य नहीं कि थोड़ी देर बाद वह गंभीरता से खुद को बेनकाब कर दें।

आज हम संसार में इस प्रकार फंस गए हैं कि उससे दामन छुड़ाना एक प्रकार से जीवन से मुक्त होने के बराबर हो गया है। नमक, तेल, लकड़ी के अलावा भी बहुत सारी समस्याएं मधुमक्खियों की तरह चिपकी हुई हैं। बच्चों की फीस, उनके कपड़े, बीमे की किश्तें, कर्ज की अदायगी आदि और दफ्तर की अनेक पेचीदगियां इत्यादि-इत्यादि.... आपके शरीर में चिंताओं के रूप में अनेक जरूरतें आपकी नींद गायब कर रही हैं। इनका आकार एवं सीमा आपकी दैनिक गतिविधियों के आधार पर बढ़ता-घटता है।

कुछ चिंताएं क्षणिक होती हैं, जैसे आपके परिवार का मुखिया दफ्तर से आने वाला है और आपको समाचार मिलता है कि शहर में दंगे भड़क उठे हैं। आपकी चिंता उसी समय समाप्त हो जाती है, जब आपके मुखिया सही-सलामत घर आ जाते हैं।

कभी-कभी चिंता व्यक्ति को चिड़चिड़ा बना देती है। वह खुद अपनी चिंताओं में उलझा रहता है। वह समझता है, वह अपनी परेशानियों को खुद सुलझा लेगा। वह खुद को इस लायक समझता भी है। फिर भी अगर आप हमदर्दी के कारण सहायता करना चाहें तो वह झल्ला उठेगा।

जब कभी आपका कोई काम पूरा नहीं हो पा रहा हो, या चिंता बढ़ती है। मान लीजिए आपको अपनी पुत्री के विवाह के लिए धन की जरूरत है। आपने अपनी भविष्य निधि से ऋण के लिए प्रार्थना-पत्र भेज दिया है। कई सप्ताह हो चुके हैं, परंतु ऋण स्वीकृत नहीं हो पा रहा है, जबकि विवाह की तारीख पास चली आ रही है, तब आप चिंता के कारण परेशान हो जाते हैं।

किसी समस्या का सुलझ नहीं पाना, किसी जरूरत का पूरा नहीं हो पाना, या आपके रास्ते में बाधा आ जाना....इत्यादि जैसी अप्रत्याशित दुर्घटनाएं चिंता की कंटीली झाड़ियां पैदा करती हैं और इन्हीं चिंताओं के कारण व्यक्ति परेशान हो जाता है। कभी-कभी ये परेशानियां किसी भयानक रोग को जन्म दे देती हैं। चिंताओं के कारण व्यक्ति मन-ही-मन घुटने लगते हैं। यह घुटन ही व्यक्ति को कई भयानक बीमारियों का शिकार बना देती है। यक्ष्मा, बवासीर, उच्च रक्तचाप, हृदय-रोग आदि जैसी बेमुराद बीमारियां सिर्फ चिंता के ही कारण उत्पन्न हो जाती हैं।

इस संसार में शायद ही कोई सौभाग्यशाली मिल जाए, जो किसी प्रकारी की चिंता से मुक्त हो। प्रत्येक प्राणी अपनी-अपनी समस्या का समाधान खोजने के लिए दौड़-धूप में लगा हुआ है। उसका पूरा जीवन इसी दौड़-धूप में खर्च हो जाता है। हालांकि मौत का एक दिन निश्चित है। फिर भी जिंदगी की दौड़-धूप में जरा-सा भी अंतर नहीं आता है। भौतिक चिंताएं कभी खत्म नहीं होतीं क्योंकि इनका जन्म मनुष्य की दैनिक समस्याओं के गर्भ से होता है। ये हमेशा नए आकार, रंग, रूप और (छद्म) वेश बदल-बदलकर व्यक्ति के मन को ईंधन देती हैं। कभी बीमारी के रूप में, कभी कर्जे के रूप में, कभी बच्चों की पढ़ाई के खर्चे के रूप में तो कभी उनकी शादी-ब्याह के रूप में व्यक्ति को परेशान किए रहती हैं। फिर भी रातभर नींद क्यों नहीं आती?

नींद न आने की चिंता भी कम दुखद नहीं होती। सोना भी चिंता के साथ और जागना भी चिंता के साथ।

चिंता के बोझ से दबा मनुष्य जाए तो कहां जाए? आखिर इससे मुक्ति का उपाय क्या है? ज्ञानी, संत लोगों ने इसका निदान बताया है,

'संतोष'। उनका कहना है, यदि आप अपनी जरूरतों की चादर को फैलने से बचा लें, तो चिंता का प्रदूषण आपको दूषित नहीं कर पाएगा। जितना आपको मिला है या जितने पर आपका अधिकार है, उतने पर ही आप संतोष कीजिए। न आपकी जरूरतें बढ़ेंगी और न ही उन्हें जुटाने के लिए आपको चिंता करनी पड़ेगी। आप अपने सामर्थ्य की सीमा में रहिए। याद रखिए, यह सीमा ही लक्ष्मण रेखा है। इसका उल्लंघन ही सारे झगड़ों की जड़ है। इसका उल्लंघन करते ही चिंता रूपी रावण आपके सुख-चैन की शांति को हरण कर लेगा। फिर उसे वापिस लाने के लिए आपको भी राम की तरह संघर्ष करना पड़ेगा....एक पूरा युद्ध लड़ना पड़ेगा। एक ऐसा युद्ध जिसकी जीत-हार का निर्णय हमेशा भविष्य के अनजान एवं अनिश्चित दुर्ग में कैद है....

चिंताओं का निर्माण मनुष्य खुद करता है। वे आकाश से अचानक नहीं टपकती। जरा उस बुद्धिहीन चालक की स्थिति के बारे में सोचिए, जो बिना ब्रेक की मोटर को ड्राइव कर रहा है। चिंता करने वाले परेशान व्यक्ति की हालत वैसी ही होती है। चिंता को घर में घुसा लेने के बाद, वह तुरंत घर के सभी खिड़की-दरवाजे मजबूती से बंद कर लेता है और चीख-चीखकर रोता है कि मुझे चिंता से छुटकारा दिलाओ....

वह अपना जीवन उन्नतिशील ढंग से व्यतीत करने के लिए लगातार कोशिश करता है। अनेक साधन जुटाने की कोशिश करता है। अच्छी-से-अच्छी जिंदगी जीने के लिए वह अपने सामर्थ्य की सीमा रेखा पार कर जाता है। चिंता के भयानक जंगल में भटकने लगता है और जिंदगी के सफर का काफी ज्यादा हिस्सा इसी भटकने में गुजर जाता है, जबकि रात का धुंधलका रास्ते को धीरे-धीरे ओझल करता हुआ उतरता है....तब बताइए, वह क्या करेगा? कहां जाएगा?....

उस समय प्रकाश की एक रेखा ही उसका कल्याण कर सकती है, परंतु वह प्रकाश की मूल्यवान रेखा कहां है? इसलिए ऐसे दृश्य की परिकल्पना यात्रा के शुरू में ही बना लेनी चाहिए और तभी से संतोष की पतवार को पकड़ लेना चाहिए....जितना आप जुटा सकते हैं उतना ही आपके लिए पर्याप्त है। वैसे इस संसार में न तो चीजों की कमी है और

न ही इच्छाओं की कमी है। अर्थशास्त्र के मौलिक सिद्धांत के अनुसार, इच्छाएं अनंत है। उन सभी इच्छाओं को पा लेना 'अनंत' की खोज करने के बराबर होगा, जो एक सामान्य व्यक्ति के लिए लगभग असंभव है। इसलिए इच्छाओं की इस पागल दौड़ से दूर ही रहना चाहिए। यह दौड़ (प्रतिस्पर्धा) एक सामान्य सुखी एवं संतोषी व्यक्ति के लिए नहीं है। यह मत भूलिए, इस दौड़ में कुछ कदम चलने पर चिंता के कांटे ही बिखरे हुए मिलेंगे। इस दौड़ में एक कदम भी ऐसा नहीं होगा, जो आपको मंजिल तक पहुंचा सके।

रचनात्मक जीवन जीने के लिए सबसे पहली शर्त है चिंता से मुक्ति। इस स्थिति के लिए व्यक्ति को अपने सामर्थ्य पर अटूट विश्वास करते हुए अपने साधन जुटाने पड़ेंगे। आपके पास जो भी है, उस पर ही प्रसन्नतापूर्वक और संतोषपूर्वक जिंदगी बसर करने की परिपाटी बनाइए, ताकि आप चिंता के चक्कर में कभी भी न पड़ें।

चिंता हमारे चिंतन की स्वस्थ, स्पष्ट और सर्जनात्मक विचारधारा को कमजोर एवं प्रदूषित कर देती है। तब हम रचनात्मक प्रक्रिया से भटक जाते हैं और हमारी चिंतन प्रक्रिया एक प्रकार से निष्क्रिय हो जाती है। हम किसी भी समस्या का समाधान गंभीरता से सोचकर नहीं निकाल पाते हैं, न ही कोई निश्चित निर्णय ले पाते हैं, इसलिए हम जो भी काम हाथ में लेते हैं, वह बिगड़ जाता है और हमारा खुद पर से विश्वास कम होता चला जाता है। इसका परिणाम यह निकलता है कि समाज में हमारी छवि एक बहुत असफल और नकारे व्यक्ति की बन जाती है। कोई भी हम पर भरोसा नहीं करता और लोग हमसे बात करने से भी कतराते हैं।

समाज की अवहेलना भी कम दुःख देने वाली नहीं होती है और ऊपर से चिंताओं का बोझ। ऐसे व्यक्ति की तुलना बंजारों की उस बुझी-बुझी आग से ही की जा सकती है, जिसे वे अगले पड़ाव पर जाते समय सुलगता हुआ छोड़ जाते हैं। परंतु याद रखिए, वह आग बुझी नहीं है। उसे दोबारा प्रज्ज्वलित किया जा सकता है और उसकी भीषण गर्मी से लोहा पिघलाया जा सकता है।

आइए! उस आग को बुझने न दें। यह मत भूलिए, आग सभी प्रकार

के प्रदूषणों तथा अवगुणों से दूर होती है। उसमें शक्ति का वास है और इसी कारण मनुष्य उसे पूजता है।

अच्छा, इसे दूसरे ढंग से समझने की कोशिश करते हैं। मान लीजिए कि आप एक ऐसे व्यापारी हैं, जिसे लगातार घाटा होता जा रहा है और आप रोज बैंक से पैसा निकालते जा रहे हैं तो आपका अंत क्या होगा, यह तो किसी भी व्यक्ति से छिपा नहीं है।

इसी प्रकार की मूर्खता हम भी करने लगते हैं, जब हम किसी काल्पनिक अजन्मी परेशानी को लेकर ही चिंता करने लग जाते हैं और बिना कारण ही अपने मस्तिष्क को खोखला करने लग जाते हैं। एक सज्जन क्लब में अपने एक परिचित से मिले....बीयर के गिलास भरकर बातें करने लगे....बातों-बातों में एक सज्जन ने कहा—हम तो इन छुट्टियों में लंका जा रहे हैं—

लंका तो मैं भी जा रहा हूं मित्र!....

अच्छा!....तो तुम कहां ठहरोगे?

न्यू एपांयर होटल में....

नो, नो, जेंटलमैन! मैं तो अपने मित्र के पास रुकूंगा....

कहां रहते हैं आपके मित्र!

किंग्स सर्किल पर, फिर भी हम वहां के जिमखाना क्लब में या गोल्फ कोर्स क्लब में तो मिल ही सकते हैं।

नहीं....मैं वहां बहुत व्यस्त हो जाऊंगा....सॉरी।

क्या कभी भी क्लब नहीं आओगे....मैं तो रोज जाऊंगा।

नहीं मुझे जरा-सी भी फुर्सत नहीं मिलेगी।

अच्छा, तुम मुझे अपने किंग्स सर्किल वाला पता बता दो, मैं वहीं तुमसे मिल लिया करूंगा।

नहीं भाई, वह मेरे मित्र बहुत ही रिजर्व तबीयत के व्यक्ति हैं। वह किसी नए व अनजान व्यक्ति का अपने घर पर आना पसंद नहीं करते हैं।

या तुम पसंद नहीं करते कि मैं तुमसे वहां मिलूं।

ऐसी बात बिल्कुल नहीं है....

बिल्कुल ऐसी ही है....तुममें कॉप्लैक्स भरा हुआ है। तुमसे अब भी वह सरकारी अफसराना बू गई नहीं है।

ऐसी बात नहीं है मित्र!

मत कहो मुझे मित्र....तुम जैसे संकीर्ण लोगों से....

हाऊ मीन ऑफ यू! (कितने नीच हो तुम)

और दोनों में अच्छा-खासा झगड़ा हो गया। जब क्लब के अन्य सदस्यों ने उन दोनों की सुलह कराई, तो पता चला कि लंका-यात्रा का सिर्फ विचार ही था....कोई पक्का इरादा नहीं था। इसी झगड़े की जगह पर आप बिना किसी बात पर चिंता करके अपना खून सूखा सकते हैं।

आपको सही तरीके से मालूम होना चाहिए कि चिंता के कारण आपकी मानसिक शक्ति किस प्रकार कम हो जाती है और इतना ही नहीं, इसका आक्रमण आपकी मांसपेशियों पर भी होता है। वे शिथिल हो जाती हैं और आपका स्नायु तंत्र प्रभावित होता है। इस आक्रमण से नजर भी बच नहीं पाती और आप विकलांगता की अजीब व अंधेरी गुफाओं की ओर खिसकते चले जाते हैं।

जरा सोचिए, आप चिंता में खोए हुए कई रातें करवटें बदलकर काट देते हैं और रातभर तारे गिन-गिनकर थक जाते हैं, किंतु फिर भी समस्या समाधान की ओर जरा-सा भी नहीं बढ़ती और स्थिति पहले जैसी कठोर और अड़ियल बनी रहती है....इससे साफ पता चलता है कि समाधान खोजने में आपकी चिंताएं बिल्कुल मदद नहीं करतीं, बल्कि बाधक ही सिद्ध होती हैं। तो फिर आप ऐसी चीज के पीछे क्यों पड़े रहते हैं जो आपकी मित्र नहीं, बल्कि शत्रु है।

आपको मालूम है कि गायें ठीक तरह से दूध क्यों नहीं देती हैं, क्योंकि उन्हें मच्छर तंग करते हैं। वे मच्छरों के काटने से परेशान रहती हैं....यही हालत आपके मस्तिष्क और उसके तंतुओं की होती है। चिंता आपके मस्तिष्क को लगातार परेशान करती रहती है, जिसके परिणामस्वरूप आपकी चिंतन अथवा विचारशक्ति कमजोर होने लगती है। आप किसी भी समस्या को लेकर ठीक तरीके से सोच नहीं पाते हैं और समाधान आपकी पहुंच से हमेशा बाहर ही रहता है। सीधा समीकरण है—

चिंता–(मस्तिष्क 7 तंतु प्रणाली) = शिथिलता

शिथिलता अर्थात् अकर्मण्यता अर्थात् सामाजिक अवहेलना।

दूध ठीक ढंग से प्राप्त करने के लिए हम गायों को मच्छरों से बचाने की कोशिश करते हैं, परंतु खेद है, हम खुद को मच्छरों (चिंताओं) से नहीं बचा पाते। हम इस बारे में बिल्कुल नहीं सोचते कि यदि हम अपने मस्तिष्क को ही हर समय चिंता के बाणों से बेधते रहेंगे, तो हम किस प्रकार स्वस्थ चिंतन करके रचनात्मक कदम उठा सकेंगे।

परंतु हमारी आंख तब खुलती है, जब जीवन की धूप ढलने लगती है और सब ओर थकावट और शिथिलता का अंधेरा लेकर रात बढ़ती चली आती है।

एक सज्जन बहुत साधारण जीवन व्यतीत करते हैं। अधिकतर चुप रहते हैं, बहुत ही कम अवसरों पर उन्हें प्रसन्न अथवा सुनते–बोलते देखा गया है। उनके लिए उनका निवास और दफ्तर एक समान है। दोनों स्थान पर वह अधिकतर मौन और गंभीर रहते हैं। बीस सालों की सेवा के बाद भी उनकी मेज–कुर्सी में भी थोड़ा–सा अंतर आया है क्योंकि वह केवल सैक्शन ऑफीसर बन सके हैं परंतु उनके स्वभाव में कोई अंतर नहीं देखा गया है। उनके बचपन के दोस्त बताते हैं कि वह सज्जन अपने विद्यार्थी जीवन में कुशल व मेधावी छात्र थे और सभी को विश्वास था कि वे आगे चलकर वह आई.ए.एस. करेंगे। किंतु बचपन से मुक्त होकर उन्होंने जैसे ही जवानी की दहलीज पर कदम रखा, वैसे ही उनके परिवार में कुछ भयानक त्रासदियों के कारण उनके मस्तिष्क पर चिंताओं की चीलें मंडराने लगीं। एक तो उन्होंने खुद उन चीलों से अपना पीछा छुड़ाने की कोशिश नहीं की, दूसरे त्रासदियों ने भी उन्हें नहीं छोड़ा....और बाद में उनकी प्रकृति में चिंताएं घुल–मिल गईं। अब महीने में दस दिन बीमार रहना उनके लिए सामान्य बात हो गई है। उनका रक्तचाप बढ़ जाता है, सिर में दर्द रहता है। जरा तेज चलें या दौड़ें तो हांफने लगते हैं। एक बार हृदय पर बीमारी का हल्का हमला भी हो चुका है। ऐनक वह अपने विद्यार्थी जीवन से ही लगाते चले आ रहे हैं और अब हाल ही में सुना है कि उनका एक गुर्दा खराब हो गया है, जबकि कब्ज उन्हें बचपन से

है। ईसबगोल लिए बिना उन्हें नींद नहीं आ सकती....अब बताइए, इन सज्जन का क्या बनेगा, जो समय से बहुत पहले बूढ़े लगते हैं जबकि उनके कई सहपाठी कई खेलों में अपने देश का प्रतिनिधित्व कर रहे हैं ....मेरे विचार से चिंता के शिकार का चित्रण इससे अच्छा नहीं होगा। वास्तव में वह चिंता के साकार रूप हैं।

चिंता करने से बात सुलझती नहीं है, बल्कि उसमें और ज्यादा जटिलताएं पैदा होती हैं। उक्त सज्जन ने समस्या को सुलझाने के बजाए समस्या में उलझे रहे और संघर्षों से ताल ठोक-कर लोहा नहीं लिया बल्कि उनके सामने आंखें मूंदकर समर्पण कर दिया, जैसे बिल्ली के सामने कबूतर गर्दन झुका देता है।

चिंताएं तो मच्छरों की तरह सब जगह पर हैं और यदि सावधानी न रखी जाए तो निश्चित रूप से उनसे छुटकारा नहीं मिल सकता। जिस प्रकार आज के वैज्ञानिक युग में मच्छरों के विनाश के अनेक रासायनिक साधन उपलब्ध हो गए हैं, उसी प्रकार आज के प्रगतिशील समाज में चिंताओं का नाश करने के भी अनेक साधन मनोवैज्ञानिक उपचार के रूप में साधन उपलब्ध हैं।

चिंता : सफलता की दुश्मन

जैसा मन रहेगा वैसा ही शरीर हो जाएगा। शरीर मन पर आश्रित है। मन में अगर रोग की भावना है, तो शरीर में निश्चित ही रोग व्याप्त हो जाएगा। यदि मन स्वस्थ है, तो शरीर स्वस्थ रहेगा। स्वस्थ मन ही स्वस्थ शरीर में रह सकता है। शरीर और मन के स्वस्थ संतुलन से ही मनुष्य सुख और शांति का अनुभव कर सकता है। जब भी उनका संतुलन बिगड़ जाता है, बहुत तरह के रोग उसे दबोच लेते हैं और उसका मनोबल टूट जाता है। जिस व्यक्ति का स्वास्थ्य ठीक नहीं है, वह अपने मनोबल को शक्तिशाली कैसे रख सकता है। रोगी व्यक्ति मौत को निकट में जानकर निराशावादी हो जाता है।

मनुष्य का मन और शरीर दो प्रकार की स्थितियों में रहता है जिसमें पहली स्थिति जागृतावस्था की है और दूसरी सुप्तावस्था की है। जागृतावस्था में वह सजग एवं सक्रिय रहता है और उसकी ज्ञानेंद्रियां एवं कर्मेंद्रियां जागृत रहती हैं, जिसे चेतनावस्था भी कहा जाता है। इस अवस्था में हम जगे रहते हैं, सारे कार्य करते हैं, प्रगति करते हैं और अच्छा जीवन जीने के लिए जागरूक रहते हैं।

इसके विपरीत सुप्तावस्था में हम नींद में सो जाते हैं। अचेतन अवस्था में पहुंचते ही हमारी कर्मेंद्रियां एवं ज्ञानेंद्रियां सक्रिय न रहने के कारण सपनों के संसार में प्रवेश कर अनेक प्रकार के सपनों में बहक जाती हैं। सुप्तावस्था को साधारण भाषा में नींद कहा जाता है जो प्रत्येक जीव के लिए जरूरी है, क्योंकि नींद आने के बाद ही मनुष्य तरोताजा

रहता है, आराम पाता है और शरीर का संतुलन सुचारु रूप से चलने के लिए तैयार हो जाता है।

इसका मतलब यह बिल्कुल नहीं कि नींद में शरीर और मन निष्क्रिय हो जाते हैं, अचेत रहते हैं। वास्तविकता तो यह है कि नींद के समय भी हमारा मन और शरीर लगातार कार्य करते रहते हैं। नींद के समय ही हमारे नाखून, बाल, चेहरे की झुर्रियां, आंखों के नीचे काले धब्बे बढ़ते रहते हैं, परिवर्तन की प्रक्रिया में रहते हैं। इसलिए नई खोजों ने प्रमाणित कर दिया कि नींद की हालत में मन और शरीर की क्रिया बंद नहीं होती, बल्कि चलती रहती है। यह ठीक है कि नींद में ज्ञान आराम की स्थिति में होता है, किंतु मन और शरीर अपने ही नियंत्रण में रहता है। इसी कारण जब हम सोकर उठते हैं तो हमारा शरीर तरोताजा और फुर्तीला नजर आता है। जो लोग सोकर उठने के बाद खुद को चुस्त नहीं पाते, वे बहुत अधिक कमजोरी का अनुभव करते हैं। उनका शरीर धीरे-धीरे कमजोर होकर अस्वस्थ हो जाता है और उनका मनोबल टूटने लगता है।

ऐसे लोगों को कभी-कभी नींद में चलने की बीमारी भी हो जाती है। वे अचेतनावस्था में पलंग से उठकर घर से बाहर निकल पड़ते हैं, और फिर घूमने-फिरने के बाद वापस घर लौटकर फिर सो जाते हैं, लेकिन उन्हें अपनी इस हरकत के बारे में पता नहीं चलता। इससे साबित होता है कि नींद के दौरान भी शरीर और मन की क्रिया पूरी तरह बंद नहीं होती है।

कुछ लोगों को जहां ऊंची आवाज में खर्राटे लेने की आदत होती है, वहीं अधिकांश लोग नींद में बड़बड़ाते हैं। महिलाएं भी इससे अछूती नहीं बची हैं। जो नींद में ऐसी आदतों के शिकार होते हैं, उन्हें अपनी इस आदत के बारे में पता भी नहीं चलता मगर साथ में लेटा व्यक्ति उसकी हरकतों को अच्छी तरह अनुभव कर पाता है। जब उसे साथ लेटने वाला व्यक्ति सारी बात बताता है, तो उसे खुद पर विश्वास ही नहीं होता कि वह नींद में किस प्रकार की हरकतें भी करता है। अपनी नींद की अवस्था के कारण उस बेचारे को कुछ भी पता नहीं चलता है। ऐसी स्थिति का

एकमात्र कारण होता है—व्यक्ति विशेष का तनावपूर्ण जीवन।

नकली जीवन जीने वाले लोग हमेशा तनाव में रहते हैं। जब मन में किसी भी प्रकार की चिंता रहती है, तो व्यक्ति विचारों में उलझता जाता है। बोझिल मन से वह कोई फैसला ले ही नहीं पाता, क्योंकि ऐसे लोगों का मनोबल बिखरने लगता है। इसी के फलस्वरूप उसके अंतःस्थल में घुमड़े विचार उसके मुंह से बाहर आ जाया करते हैं। यह हरकतें तनावग्रस्त जीवन का जीता-जागता नमूना है। अगर इनको समय रहते नियंत्रित नहीं किया जाए, तो बहुत नुकसान उठाना पड़ सकता है।

जिन लोगों का मनोबल कमजोर हो जाता है। उन्हें नींद कम आती है और यदि आ भी जाती है तो थोड़ी-थोड़ी देर में टूटती रहती है। नींद एक बार खुली तो पूरी रात करवटें बदलते ही गुजर जाती है, क्योंकि विचारों का तूफान दिमाग में उठता है। सारी समस्याएं सुलझने की जगह एक-दूसरे में उलझती चली जाती हैं। चिंताएं उसे इस प्रकार जकड़ लेती हैं कि वह उनकी मजबूत पकड़ के बंधन तोड़ ही नहीं पाता और एक दिन अनिद्रा का रोगी बन जाता है।

संसार में सात तरह के सुख गिने जाते हैं—

पहला सुख : निरोगी काया होना
दूसरा सुख : पर्याप्त आय का साधन
तीसरा सुख : मृदुभाषिणी सुयोग्य पत्नी
चौथा सुख : बुद्धिमान संतान
पांचवां सुख : आरामदायक घर
छठवां सुख : विद्वतापूर्ण अनुभवी ज्ञान
सातवां सुख : अच्छे गुणों की संगति में बैठना।

उपरोक्त सातों सुख अर्जित करने वाले व्यक्ति का मनोबल निश्चित ही असाधारण होता है। वास्तव में ऐसा व्यक्ति भाग्यशाली ही नहीं, परोपकारी और अच्छे कार्यों में रुचि लेने वाला होता है।

इसके विपरीत अधिकांश व्यक्ति ऐसे भी होते हैं जिनको हमेशा हर तरह की चिंताएं घेरे रहती हैं, उन्हें नींद ही नहीं आती है। ऐसी स्थिति का मुकाबला करने के लिए उन्हें नींद आने की गोलियां, दवाइयां और

नशीले इंजेक्शनों की सहायता लेने पर मजबूर होना पड़ता है। वे कृत्रिम नींद में जीते हैं, क्योंकि नशील पदार्थों के सेवन से शरीर के खून में विकार उत्पन्न हो जाता है, जो आगे चलकर जीवन दूभर कर देता है। घुटन-भरी जिंदगी जीने के लिए अपने मनोबल को दांव पर लगाकर उन्हें समझौता करना पड़ता है।

इस प्रकार ऐसे लोग एक दिन या तो जीवन से निराश होकर आत्महत्या कर लेते हैं अथवा बहुत ही कष्टपूर्ण जीवन जीने पर विवश हो जाते हैं। जिस व्यक्ति को ठीक तरह से नींद नहीं आती है, उसका स्वास्थ्य थोड़े दिनों में गिरकर कमजोर हो जाता है, स्वभाव में चिड़चिड़ापन आ जाता है, मन और तन दोनों ही रोगी हो जाते हैं।

नींद प्रकृति की देन है। यह हर शरीर के लिए इसलिए जरूरी है क्योंकि जब शरीर सारा दिन कार्य करता है, तो शरीर व मन थक जाते हैं। तब इन्हें आराम की जरूरत होती है। कार्य करते रहने पर हमारे शरीर में बनने वाला लैक्टिक एसिड जब समाप्त होने लगता है, तो थकान का अनुभव होता है। लैक्टिक एसिड ही हमारे शरीर के अंगों में शक्ति का संचालन करता है। लैक्टिक एसिड हमारे शरीर में इसी प्रकार कार्य करता है, जिस प्रकार वाहनों को चलाने के लिए पेट्रोल की जरूरत पड़ती है। मोटर में पेट्रोल न होने पर वह चलती नहीं है रुक जाती है। ऐसी ही स्थिति शरीर में लैक्टिक एसिड की है।

हमारे भोजन से ही लैक्टिक एसिड बनता है जब भी हम आराम की स्थिति में होते हैं, लैक्टिक एसिड बनने की क्रिया शुरू हो जाती है। इसलिए हमें आराम और नींद की बहुत अधिक जरूरत होती है।

शरीर के लगातार काम करने पर मन थक जाता है और साथ ही शरीर भी टूटने लगता है। जब शरीर और मन दोनों थक जाते हैं तो आलस्य आने लगता है। उबाइयां प्रारंभ होती हैं। रात को शरीर और मन जब नींद में होते हैं, तब हमारे शरीर में पर्याप्त मात्रा में लैक्टिक एसिड बनकर तैयार हो जाता है। जब हम सुबह सोकर उठते हैं तो महसूस करते हैं, हम तरोताजा हो गए हैं। पलंग से उठने में कोई संकोच और कठिनाई नहीं होती है और मन प्रसन्न मुद्रा में कार्य करने के लिए तैयार दिखाई

देता है। आलस्य दूर भाग जाता है, मनोबल कुछ भी कर गुजरने के लिए तुरंत तैयार हो जाता है।

जो लोग उठने के बाद खुद को फुर्तीले और चुस्त महसूस नहीं करते, उनमें कोई न कोई कमजोरी होती है। कुछ लोगों को नींद नहीं आती या आकर उचट जाती है या कम आती है, उसकी वजह एक ही होती है–शरीर और मस्तिष्क को समय पर आराम नहीं मिलना। इसी कारण उनका शरीर धीरे-धीरे कमजोर होता जाता है और शिथिल एवं निष्क्रिय होकर रोगग्रस्त होने लगता है। उनकी कार्य करने की क्षमता हमेशा कम होती जाती है। इसका सीधा असर उनके कार्यों पर पड़ता है। वे जो भी कार्य करते हैं, वे सभी प्रभावित होते हैं। तब वे निश्चित समय पर सुख और शांति का आनंद कभी ले ही नहीं सकते। ऐसी स्थिति में जैसे ही उनका मनोबल जहां टूटता है, वैसे ही उनका रास्ता निःसंदेह ही कांटों भरा होता जाता है। उनकी प्रसन्नता छिन जाती है और निराशा उनका दामन पकड़कर नाचती दिखती है।

जब आदमी की आंखों में नींद नहीं आती है तो समझ लीजिए कि वह चिंता और उद्वेग से पीड़ित है। जो लोग चिंताग्रस्त रहते हैं, वे उद्वेग को गले लगा लेते हैं। उनके दिमाग को आराम का समय ही नहीं मिल पाता। जब मनुष्य के दिमाग में तनाव रहता है, तब उसे नींद ही नहीं आती है। वह विचारों के अथाह समुद्रों में करवटें बदलता अपने मन को हवाई घोड़ों पर दौड़ाता रहता है।

नींद के लिए मस्तिष्क में बिल्कुल भी तनाव नहीं रहना चाहिए। अगर दिमाग शांत और निर्मल नहीं रहेगा, तो नींद भी आंखों से दूर-दूर भागती रहेगी। सुखद नींद का मतलब है अच्छा स्वास्थ्य। अच्छे स्वास्थ्य का मतलब है, अतिरिक्त कार्यक्षमता। आप स्वस्थ रहकर अपने कार्यों को मनोबल की सहायता से पूरी शक्ति के साथ पूरा कर सकते हैं, जिससे आपकी प्रसन्नता और स्फूर्ति लगातार क्रियाशील बनी रहेगी और आप सफलता के रास्ते पर अथक परिश्रम से बढ़ते ही जाएंगे, आपका विश्वास और आत्मसंयम दिन-प्रतिदिन बढ़ता जाएगा।

इस तरह कहा जा सकता है कि नींद में हमारी सेहत का राज छिपा

है। नींद न आना ही गिरते स्वास्थ्य की निशानी है। कुछ लोग कार्यालयों और व्यवसाय से घर लौटने पर भोजन करने के बाद जब बिस्तर पर जाते हैं, तो लेटकर भी दिन की सारी बातों के बारे में ही सोचते रहते हैं, जिससे उनका मस्तिष्क तनाव से भर जाता है। जब शरीर में दिमागी तनाव होता है, तो नींद भला आ ही कैसे सकती है? इस प्रकार सोचते रहने से उनकी समस्याओं का समाधान तो नहीं होता है, बल्कि उनका मनोबल जरूर कमजोर होता चला जाता है। साथ ही सेहत भी गिरती जाती है। ऐसी स्थिति में मनुष्य उन्नति भला कैसे कर सकता है? क्या ऐसा सोचते रहने से वे अपना रास्ता नहीं रोक रहे? क्या वे नहीं जानते कि स्वास्थ्य को सही रखने के लिए या मनोबल को ऊंचा रखने के लिए कम-से-कम 6 घंटे की नींद मनुष्य के लिए बहुत जरूरी है।

क्या वे यह भी नहीं जानते विद्या, वीरता, बुद्धि, साहस और धैर्य आदि सभी गुण मनुष्य के सच्चे और स्वाभाविक मित्र होते हैं। अगर इनको साथ रखा जाए, तो इनसे सहयोग किया जाए, इनका साथ न छोड़ा जाए, तो मनुष्य आपातकाल में भी संघर्षों का डटकर मुकाबला कर सकता है। ये सभी सहयोगी संकट के समय सच्चे मित्र भी साबित होंगे और असफलता उनके निकट से नहीं गुजरेगी।

कुछ मनुष्य लड़ते-झगड़ते या सोचते हुए ही बिस्तर पर आराम के लिए जाते हैं लेकिन इस प्रकार क्या उन्हें नींद आनी संभव हो सकती है? यह आचरण तो आती नींद को भगाने जैसा है। बहुत सारी महिलाओं ने भी ऐसी आदत बना ली है कि वे सोने से पहले किसी न किसी बात पर झगड़ा कर लेती हैं और शिकायतों के अंबार लगा लेती हैं। ऐसे आचरण करने वालों को यदि नींद आए ही नहीं तो इसमें किसी और का कोई दोष नहीं है। अगर कुछ समय थकान नींद की गोद में ले जाती भी है, तो चिंताग्रस्त मन तुरंत उचट जाता है, नींद बार-बार टूट जाती है, ऐसी नींद से मनुष्य को कोई फायदा नहीं पहुंचता है। ऐसे असमय ही वह बड़बड़ाता है या दुःस्वप्न देखने लगता है, सपनों के संसार में डरावने दृश्य उसे भयभीत करते हैं। इस प्रकार की मनोदशा में नींद आने की इच्छा तो होती है, लेकिन शरीर हल्का व फुर्तीला नहीं रहता है। स्वस्थ

नींद की पहचान यही है कि सुबह जब मनुष्य बिस्तर छोड़कर उठे तो उसका शरीर हल्का-फुल्का, फुर्तीला और प्रसन्न मुद्रा में दिखना चाहिए।

कुछ लोग चिंताओं का बोझ साथ लेकर सोने की कोशिश करते हैं ओर इसी कारण नींद पूरी होने से वे डरावने सपने देखने लग जाते हैं। दिमाग पर बोझ रखकर सोने वालों का मनोबल कमजोर रहता है, जिससे उनकी सेहत पर भी फर्क पड़ता है। इसलिए मनुष्य को कभी भी तनावग्रस्त मुद्रा में बिस्तर पर पहुंचने की कोशिश नहीं करना चाहिए। जब उसे आराम करने का मौका मिले तो उसे नींद का आह्वान प्रसन्नचित मुद्रा में ही करना चाहिए।

इसलिए मनोबल को पूरी तरह शक्तिशाली रखने के लिए अपनी सारी गंभीरता, बाहर की सारी समस्याएं और उनसे संबंधित विचार घर या प्रवेश करने से पहले अपने घर के दरवाजे पर छोड़कर ही घुसना चाहिए। जब मन शांत रहे और किसी भी प्रकार का तनाव मस्तिष्क पर बोझिल असर न डाले, तभी बिस्तर पर सोने के लिए जाना चाहिए। हर व्यक्ति के मन में सवाल उठता है कि आखिर सपने क्यों आते हैं। इस बारे में शोध करने के बाद वैज्ञानिक इस नतीजे पर पहुंचे हैं कि सपने आने के दो प्रमुख कारण हैं—शारीरिक और मानसिक। पेट के रोगग्रस्त होने और अनियमित खान-पान के कारण सपने आते हैं। वे शारीरिक कमजोरी के चलते उत्पन्न होते हैं, उन्हें शारीरिक कारणों की श्रेणी में रखा जा सकता है।

हमारे मन में दबी अतृप्त इच्छाओं के कारण जो सपने आते हैं, वे मानसिक कारणों से जन्म लेते हैं। अपनी अतृप्त इच्छाएं ही हमारे सपनों में तरह-तरह के रूप बदलकर आती हैं। नींद के समय ये अतृप्त ईर्ष्यालु इच्छाएं अवचेतन मन से बाहर निकलकर सपनों में बिखरकर हमारे आस-पास नाचती हैं।

हम सपनों में अक्सर खो जाया करते हैं। कुछ सपने लुभावने और कुछ सपने डरावने होते हैं, जो अपने रंग-रूप के अनुरूप हमारे शरीर पर भी अपना प्रभाव छोड़ते हैं। सपनों के प्रभाव से हमारा स्वास्थ्य भी अछूता नहीं रह पाता है।

जब हम अच्छे-अच्छे सपने देखते हैं, तो हमारा मन प्रसन्नचित होकर प्रफुल्लित हो उठता है और टूटने पर उत्साह बिखरने लगता है। ऐसे सपने प्राय: स्वास्थ्यवर्धक हो सकते हैं। इसके विपरीत जब डरावने, भयानक और दु:स्वप्न नजर आते हैं, तो वे हमारे स्वास्थ्य को खराब करने में सहायक होते हैं। बुरे सपने हमारी नींद तोड़ देते हैं। सपनों की भयानक तस्वीर व डरावने दृश्य हमें सोचने के लिए मजबूर कर देते हैं, जिससे स्वास्थ्य प्रभावित होता है।

इस प्रकार दु:स्वप्नों का हमारे शरीर पर दुहरा प्रभाव पड़ता है जो मनोबल के लिए नुकसानदेह होता है। अगर हमें अपने स्वास्थ्य को ठीक रखना है, मनोबल शक्तिशाली बनाना है ताकि जीवन में अच्छे नागरिकों की तरह प्रसन्न रहकर प्रगति करते जाएं, तो दुख देने वाले सपनों से दूर रहना चाहिए। मनोबल ठीक रखने के लिए शरीर को आराम देना बहुत जरूरी है। आराम करने का मतलब यह नहीं लगा लेना चाहिए कि जहां कहीं भी मन में आया, वहीं लेट गए और मान लिया कि आराम कर लिया।

आराम के लिए समय और अनुकूल स्थान का बहुत महत्व होता है। कुछ लोगों को तो आपने कहते सुना होगा कि अपरिचित स्थान और असमय उनको जल्दी नींद नहीं आती है। कुछ लोग नए स्थान पर नींद ले ही नहीं पाते। जब तक मनुष्य का मन, भार और तनाव से मुक्त न हो, तब तक आराम किसी भी तरह से फायदेमंद हो ही नहीं सकता। उनके मन का स्थान से समयानुकूल समन्वय नहीं होता है, क्योंकि परिचित स्थान पर मनुष्य जितनी निश्चिंतता से स्वाभाविक नींद ले सकता है उतनी निश्चिंतता के साथ अन्य अपरिचित स्थान पर नहीं ले सकता। यही कारण है कि मेलों में, रेल-बसों या होटलों के सुसज्जित कमरों में उसे चैन से नींद नहीं आती है।

आज के आधुनिक युग में मनुष्यों का दैनिक जीवन इतना व्यस्त एवं तनावपूर्ण हो गया है कि उनके लिए 'चैन' नामक चीज दुर्लभ हो रही है। नींद के जगह पर अगर कुछ उन्हें मिलता है। तो वह है सपनों का झिलमिल संसार, जो आराम के दौरान कई बार करवटों और आहट

के शोर से बनते-बिखरते हैं।

इसका मतलब यह भी नहीं है कि सपने देखना बुरा है, सपने देखने ही नहीं चाहिए।

सच्चाई तो यह है संसार का हर मनुष्य सपने देखता है। ऐसा कोई भी व्यक्ति संसार में नहीं है, जो दावे से यह कह सके कि वह सपना नहीं देखता है। सपने दो तरह के होते हैं। एक तो वह सपने, जिन्हें हम देखकर भूल जाते हैं। यह जरूर याद रहता है कि सपना देखा तो था, लेकिन यह याद नहीं रहता कि वह क्या और कैसा था। जिन सपनों को हम सोकर उठने के बाद भूल जाते हैं। वे बेअसर होते हैं यानी उनमें कोई नुकसान नहीं होता है। इसके विपरीत जो सपने याद रहते हैं या जिनके कारण अचानक घबराहट में नींद खुल जाती है, वे शरीर और मस्तिष्क पर अपना प्रभाव जरूर डालते हैं। मन डरता है, और अपशकुन की कल्पना में उलझता है। मन कमजोरी का शिकार होकर तमाम तरह की आशंकाओं से घिरकर चिंताग्रस्त हो जाता है। मनोबल गिरने लगता है। इस प्रकार के सपना देखना मनुष्य के लिए नुकसानदायक जरूर है।

आजकल मनुष्य की सुख की नींद गायब होती जा रही है और इसी वजह से वह मानसिक बीमारियों का शिकार होता जा रहा है। इसके अलावा दिल का दौरा, हृदय रोग, पक्षाघात, ब्लडप्रेशर जैसी बीमारियां भी अपने हमले कर रही हैं। रोज-रोज कुर्सी पर बैठकर कार्य करने का समय बढ़ता जा रहा है। ऐसे लोग गैस व शुगर जैसी बीमारियों के शिकार हो रहे हैं।

इस प्रकार बदलते भौतिक औद्योगिक युग में मनुष्य को सुख से नींद लेना बहुत मुश्किल होता जा रहा है।

इन सारी समस्याओं को सुलझाने के लिए डॉक्टरों ने कुछ आसान मनोवैज्ञानिक उपाय सुझाव दिए हैं, जो लाभदायक हैं-

सुख की नींद के लिए अपने कमरे की रोशनी बुझाकर चुपचाप अंधेरे में लेट जाइए। सारे शरीर को ढीला छोड़कर सांस को पूरी तरह से धीरे-धीरे ऊपर खींचे और उसी प्रकार धीरे-धीरे नीचे ले जाकर छोड़ने की कोशिश कीजिए। आंखें बंद करके अपने जीवन की प्यारी-प्यारी

सुखद घटनाओं को तब तक दुहराएं जब तक आपका मन हल्का और प्रसन्नचित्त न हो जाए। इसी प्रकार सोचते-सोचते थोड़ी देर के बाद ही आपको मीठी नींद आ जाएगी।

अगर परेशानी अधिक है, नींद टूट जाती है, मन शांति के रास्ते पर भटकता है, तो ऐसी हालत में टेबल लैंप जलाकर अपनी कोई मनपसंद किताब पढ़िए। किताब पढ़ते-पढ़ते कुछ थकावट लगेगी, तब नींद आएगी और आप सो जाएंगे। नींद लाने के लिए मन को खुश रखना, और हल्का खाना जरूरी है। मन में सुखद से सुखद कल्पनाएं कीजिए और सो जाइए। मन में यह भावना बैठा लीजिए कि आज बहुत प्यारी, मीठी और अच्छी नींद आएगी। जैसे ही यह भावना बलवती होगी, तुरंत नींद आ जाएगी।

कोई कितना भी ज्ञानी और विद्वान क्यों न हो, अगर वह अपने आचरण से ज्ञान का उपयोग नहीं करता, तो वह मूर्ख ही नहीं, महामूर्ख कहा जाएगा।

वह उस जानवर की तरह है जिस पर बहुत-सी ज्ञानवर्धक पुस्तकें लदी रहती हैं। किंतु वह उन पुस्तकों के ज्ञान से अपरिचित रहता है। जिस प्रकार कोई लाभ उठा नहीं पाता जैसे पतीली और कलछी स्वादिष्ट भोजन में घूमते हुए भी स्वाद का आनंद नहीं ले पाते।

मनुष्य को यह जानना चाहिए कि लाभ क्या है? अच्छी संगति। और दुख क्या है? बुरी संगति।

हानि क्या है? समय पर चूक जाना।

चतुराई क्या है? कर्त्तव्यपालन में कुशल होना।

वीरता क्या है? मन और इंद्रियों को वश में रखना।

श्रेष्ठ धन क्या है? सद्विद्या की उपलब्धि।

सुख क्या है? संतोष धारणा करना।

भाग्य क्या है? अपने कर्मों का परिणाम।

यदि हम उपरोक्त आचरण करने के लिए तैयार रहें, तो निसंदेह हमारा मनोबल जीवन में खुशियां ही खुशियां बिखरा सकता है।

इस शरीर को स्वस्थ रखने के लिए ऐसे आचरण करना इसलिए जरूरी है, क्योंकि यही स्वास्थ्य के रक्षक हैं। स्वस्थ्य की रक्षा तभी संभव

है, जब हमारा मनोबल शक्तिशाली और विवेकी, होकर ज्ञान-अज्ञान की उलझनों को सुलझाने में सक्षम हो।

अब यहां पर आपके मन में सवाल उठ सकता है कि आगे आने वाली जिंदगी खुशहाल कैसे हो? आगे आने वाला जीवन स्वस्थ, सुखी और समृद्धिशाली कैसे रहे, मन पवित्र कैसे हो, बुद्धि तीव्रतर कैसे रहे और मस्तिष्क ज्ञान के भंडार से परिपूर्ण कैसे रहे?

यह सब पाने के लिए अच्छा आचरण बहुत जरूरी है। अगर हम इन आचरणों पर मन से ध्यान नहीं देंगे, तो स्वस्थ और सुखी जीवन कभी नहीं हो सकता। यदि हम ऐसे आचरण का अभ्यास शुरू नहीं करेंगे तो हमारा स्वास्थ्य निरोगी रह नहीं सकता और यदि जीवन एक बार चिंताग्रस्त हुआ, तो व्यक्ति अनेक प्रकार के रोगों को खुद ही निमंत्रण देता है।

जो मनुष्य गुण और विद्या रहित होकर भी अहंकारी हो, गरीब होकर भी बड़ी बड़ी इच्छाएं रखता हो, अन्याय मार्ग और खोटे कर्म करके भी धन कमाना चाहता हो, जो थोड़ा धन पाकर इतरा जाता हो, कार्यक्षमता से बाहर का ले लेता और पूरा न करता हो, खुद को प्राप्त वस्तुओं से संतुष्ट न हो और दूसरों की वस्तुओं को श्रेष्ठ समझकर प्राप्त करना चाहता हो, वह मूर्ख है।

इसलिए शारीरिक रूप से तंदुरुस्त रहने और मानसिक रूप से प्रसन्न रहने के लिए, गहरी नींद में सोना बहुत ही जरूरी है। इससे शरीर और मन को पर्याप्त मात्रा में आराम मिल जाता है, तभी हमारे शरीर की थकावट दूर हो सकती है।

गहरी नींद सोने से शरीर में आरोग्यता, पोषण और बल की वृद्धि भी होती है, ज्ञानेंद्रियां उचित रूप से सक्रिय और बलवान रहती हैं। मगर इसके विपरीत नींद पूरी न होने की हालत में शरीर में आलस्य, थकावट, कमजोरी, सिर दर्द, मौन, इन्द्रियों में कमजोरी जैसी अनेक बीमारियां पैदा हो सकती हैं।

मगर जब हम समय पर सोने के लिए बिस्तर पर नहीं जाते हैं, तो हम पूरी नींद कैसे ले सकते हैं? जब देर रात तक अनेक व्यसनों में तब

सुबह देर तक सोते हुए अपना समय नष्ट करेंगे और सुबह का उगता सूरज देख ही कैसे सकेंगे? ये दोनों ही आचरण गलत हैं जो शरीर को ज्यादा से ज्यादा नुकसान पहुचाते हैं, मन में अनेक प्रकार के विकार उत्पन्न करते हैं, जबकि प्रसन्नचित्त रहने के लिए जल्दी सोना और जल्दी उठना बहुत जरूरी है। अब सवाल उठता है कि आखिर कितने घंटे की नींद होनी चाहिए। समय का निर्धारण अलग-अलग आयु के अनुसार किया जा सकता है। शिशु को ज्यादा समय की नींद चाहिए, बूढ़े के लिए कम-से-कम 6 घंटे की नींद जरूरी है लेकिन युवा आयु वालों को 7 घंटे की गहरी नींद लेने पर ही स्वास्थ्य लाभ मिलता है।

गहरी नींद लेने के लिए मनुष्य को 2 नियमों का पालन जरूर करना चाहिए। पहला यह है कि अपना सोने का समय निश्चित करना चाहिए। और जब तक कोई खास कारण न हो, तब तक इस नियम को तोड़ना नहीं चाहिए। अगर आप 10 बार में 9 बार समय से सोते हैं और एक बार समय से गलती होती है तो कोई हानि नहीं होगी, क्योंकि शरीर में नियमित सोते रहने से इतनी क्षमता शेष रहती है कि वह आपकी एक दिन की कमी को पूरा कर ले।

नींद के लिए रात को करवटें बदलते रहने की बिल्कुल भी जरूरत नहीं पड़ेगी। निश्चित समय पर सोने की आदत जहां जल्दी नींद लाने में सक्षम है, वहीं सुबह होते ही नींद खुल भी जाती है। यदि नियम नहीं है तो ध्यान रखिए, शक्ति भी संभव नहीं है।

दूसरा नियम है कि दिनभर शारीरिक-मानसिक मेहनत कर व्यस्त रहें। मेहनत करना जागरूकता का परिचायक है, किंतु चिंता और मानसिक तनाव से दूर रहने की आदत डालिए।

चिंता न कर आप चिंतन कीजिए, मानसिक तनाव से ग्रस्त न रहकर समस्याओं के समाधान का रास्ता चुनिए, सुलझाने की कोशिश कीजिए।

दिन में मेहनत न करना, आलसी बनकर चरपाई तोड़ना, चिंता व तनाव से ग्रस्त रहना आदि नींद का नाश करने वाले आचरण हैं, इनसे हमेशा बचने की कोशिश करनी चाहिए।

अगर आप अपनी सेहत के प्रति सचेत हैं तो दिन में सोना किसी

भी तरह फायदेमंद नहीं, बल्कि नुकसानदेह है। गर्मी के दिनों में अगर दोपहर के समय थोड़ा आराम कर लिया जाए, तो कोई नुकसान नहीं है। केवल रोगी, कमजोर, शिशु, बूढ़े, स्त्री, यात्रा से थका-मांदा, रातभर जागा हुआ और शोकग्रस्त व्यक्ति यदि दिन में सो ले, तो अनुचित नहीं है।

जिस प्रकार जरूरत से ज्यादा भोजन स्वास्थ्य के लिए उपयोगी नहीं, मोटापा आता है, रोग होने लगता है, वैसे ही अधिक नींद लेने से भी मोटापा बढ़ता है और मनुष्य रोगग्रसित हो जाता है। कहा जा सकता है कि भोजन और नींद की मात्रा में कमी या अधिकता भी शरीर को नुकसान पहुंचाती है, इसलिए मनुष्य को उपरोक्त दोनों नियमों का पालन करना चाहिए।

हमेशा अपनी अकड़ में रहना, अपने सामने अन्य लोगों को नहीं समझना, कठोर और अभद्र भाषा का प्रयोग करना, जिद्दी और अहंकारी होना, अपनी गलत बात पर भी अड़े रहना और दूसरों की सही बातों को गलत साबित करना, छोटी-छोटी बातों पर अपना धैर्य खोकर क्रोधित हो जाना तथा किसी की न सुनना और न मानना आदि मूर्खतापूर्ण आचरण हैं। ऐसे आचरण एवं इन आचरण पर चलने वालों से अगर आप दूर रहेंगे, तो आपका मनोबल शुद्ध रहेगा।

अनेक लोगों का मानना है कि कुछ बड़ी समस्याएं दिन में हल करना असंभव लगता है लेकिन रात के समय नींद में अपने आप हल हो जाती हैं। कहते हैं रेखागणित का जन्म सपने में ही हुआ था। चित्रकारों ने अपनी कृतियों में सुंदर-सुंदर रंगों का चयन भी नींदभर सपनों में ही किया। सिलाई मशीन का आविष्कार करने वाले एलियास होवे ने अपनी सुई की समस्या सपने में ही सुलझाई थी, जिसकी कहानी बहुत रोचक है।

एलियास सिलाई मशीन की बड़ी परेशानी में फंसे थे, क्योंकि मशीन ठीक होने के बावजूद जब चलाई जाती तो बार-बार या तो धागा उलझ जाता या टूट जाता था। परेशानी केवल सुई ही पैदा कर रही थी, वैसे मशीन बिल्कुल ठीक थी। कई दिन हो गए एलियास की भूख, प्यास, आंखों की नींद सभी कुछ मशीन की सुई ने चुरा ली थी। उनकी

लगातार कोशिश असफल होती जा रही थी। सुई का धागा या तो उलझता या टूट जाता था।

रात के गहरे अंधेरे में उन्होंने सपना देखा कि एक आदिवासी बार–बार अपना भाला आगे चमकाता हुआ उन्हें मारने के लिए तान रहा है। अचानक एलियास की तेज नजर उसके भाले पर गई, तो उसने भाले की नोंक पर एक छेद को देखा जो चमक रहा था। तभी एलियास की नींद टूट गई और वह खुशी से उछल पड़ा, उसने सिलाई मशीन के लिए एक ऐसी सुई बनाई, जिसमें नोंक के पास एक ही छेद बनाया गया। जब सुई में धागा डालकर मशीन को चालू किया गया तो छेद में पड़ा धागा लगातार चाल के साथ दौड़ता रहा, न वह उलझा और न ही टूटा। सिलाई मशीन का सफल आविष्कार करने वाले एलियास होवे का नाम इतिहास में अमर हो गया। यह भी उसके स्वस्थ सपने की करामात ही कही जा सकती है। इस प्रकार के बहुत सारे किस्से इतिहास में दबे पड़े हैं जिनसे लगता है कि सपने प्रेरणादायक भी होते हैं।

मनोवैज्ञानिक एवं चिकित्सकों के अनुसार यह प्रमाणित हो चुका है कि मन का शरीर पर गहरा प्रभाव पड़ता है। बहुत तरह के शारीरिक रोगों के उत्पन्न होने का एक कारण मन की अस्वस्थता भी होती है।

जब मन अस्वस्थ होता है, तो मन के नियंत्रण में कार्य करने वाले अनेक कोष, तंतु, ग्रंथियां निष्क्रिय हो जाते हैं। इस कमजोरी का लाभ उठाते हुए रोग के कीटाणु अपने शरीर के रक्षक कीटाणुओं पर आक्रमण कर देते हैं और इस प्रकार हमारा शरीर रोगग्रस्त हो जाता है।

जब भी आपका मन चिंतित होता है, उदासी व्याप्त होती है, तो मन तुरंत बुझा–बुझा, शिथिल और ठंडा हो जाता है। कार्यक्षमता और उत्साह भंग होते ही सिर दर्द शुरू होता है और शरीर में ऐंठन, टूटन, कमर में दर्द, जोड़ों में पीड़ा अनुभव होती है। तब दुखी मन ही रोग के लक्षणों में बदल जाता है।

अगर आप निरोगी जीवन बिताना चाहते हैं और आपकी स्वस्थ रहने की इच्छा है, आप बीमारियों की चपेट से बचना चाहते हैं, तो आपको जरूरत है कि आप पूरी एवं स्वस्थ नींद लेने की कोशिश कीजिए। यह

आचरण यदि आप लगातार करते रहेंगे, तो निश्चित ही आप सुख की नींद लेने की आदत बन जाएगी और आप बड़े से बड़े संकट के समय में भी बेफिक्री से चैन की नींद लेने लग जाएंगे। दुख-संकट आते हैं, बने रहते हैं, लेकिन आपकी नींद का सुख नहीं खोना चाहिए। जो होना है, वह होकर रहेगा। आप बेकार में अपनी नींद खराब क्यों करते हैं? नींद से बदला क्यों लेते हैं?

एक समय में एक युवक को फांसी की सजा हुई। कुछ समय के बाद फांसी का निश्चित दिन आ पहुंचा। उसे 2 दिन पहले सूचित भी कर दिया गया कि अमुक समय उसे फांसी लगाई जाएगी। पहरेदार हैरान थे कि वह युवक पूरी रात खर्राटे मारकर नींद में मस्त सोता रहा। सुबह भी वह नियमित समय प्रसन्नचित्त मुद्रा में उठ गया। पहरेदार ने बंदी से प्रश्न कर ही डाला, 'क्या तुम्हें मरने का डर नहीं है? रातभर सोए हो और चेहरे पर मुस्कान-भरी प्रसन्नता भी है। क्या तुम्हें मालूम नहीं, तुम्हें एक घंटे बाद फांसी लग जाएगी?

'मरना तो मुझे निश्चित है तो जागने, सोने या रोने से क्या फांसी की सजा टल जाएगी?' बंदी ने मुस्कराकर लापरवाही से उत्तर दिया।

उस बंदी का उत्तर वास्तव में एकदम सही था। यह अलग बात है कि निश्चित समय पर उसे फांसी पर लटका दिया गया, लेकिन अपनी गहरी नींद उसने फांसी पर झूलने से पहले निसंकोच निडरता से ली। वह जानता था जब मृत्यु टलने की उम्मीद नहीं बची है, तो छटपटाने, भयभीत होने, गिड़गिड़ाने और रातभर जागते रहने से कोई लाभ नहीं है।

यदि ऐसा दृढ़ निश्चय, आत्मविश्वास और धैर्य मन में जाग जाए तो ऐसे मनुष्य का शक्तिशाली मनोबल उसे कभी संसार के समाने झुकने पर विवश नहीं कर सकता, क्योंकि वह सुखी जीवन जीना जानता है, वह कायन नहीं है। उसे जब शरीर से ही मोह नहीं है तो मृत्यु से भयभीत होने की आवश्यकता ही कहां है? मन पर इतना संयम रखने में जो कामयाब हो जाता है, वह शायद ही कभी बीमार पड़ता है।

संसार के प्रसिद्ध चिकित्सकों की खोज ने यह निष्कर्ष निकाल लिया है कि तिल्ली एवं आमाशय रोग ईर्ष्या, स्वार्थ, लोभ के कारण ही

शरीर में उत्पन्न होते हैं। डॉक्टर स्नो ने तो यह भी अनुसंधान कर डाला कि स्तन और मूत्र नलिका का नासूर प्रायः उद्वेग, तनाव और चिंता के कारण ही शरीर में जन्म लेता है। मानसिक चिंताओं के कारण जब खून में विकार उत्पन्न होता है, तो चर्म-संबंधी बहुत तरह के रोग शरीर पर आक्रमण कर देते हैं। ब्लडप्रेशर की जानलेवा बीमारी, पक्षाघात और मधुमेह जैसे संक्रामक रोगों की जड़ भी मानसिक परेशानियां, शारीरिक तनावग्रस्त जीवन ही है अर्थात् हमारी मनोदशा ही हमारे शरीर को बुरी तरह प्रभावित करती है। इसलिए मनोबल को नियंत्रित रखना ही निरोगी रहने और प्रसन्नता की एकमात्र कुंजी है।

गुस्सा करने या किसी बात से डरने के कारण ही मनुष्य बीमारियों से घिर जाता है। कोई गहरा आघात लगने पर या उद्वेग से अचानक पीड़ित हो जाने पर वह मनुष्य लकवे का शिकार तक हो जाता है। इससे यह साबित होता है कि शरीर का स्वास्थ्य मनोदशा पर ही निर्भर करता है, इसलिए शरीर से कहीं अधिक ध्यान हमें अपने मन के स्वस्थ रखने पर देना जरूरी है।

अगर वास्तव में आप किसी रोग से पीड़ित हो भी गए हैं, तो घबराकर सभी से चर्चा नहीं करें, बल्कि सीधे किसी चिकित्सक से इलाज कराएं।

यदि आपने डॉक्टर से परामर्श करने की बजाय खुद को रोगी मान ही लिया, तो कोई रोग न होने पर भी एक दिन आप उसी रोग की चपेट में आ सकते हैं जिसके बारे में आप सोच रहे हैं। यह एक मनोवैज्ञानिक सत्य है जिसे झुठलाया नहीं जा सकता। आप कभी भी मन को आतंकित न होने दें कि आप अस्वस्थ हो सकते हैं।

कुछ लोगों का यह भी मानना है कि विचारों का कोई महत्व नहीं है और मन या जीवन पर इनका कोई प्रभाव नहीं पड़ता है। जो होना है वही होकर रहेगा। सोचने से क्या लाभ है?

ऐसे लोग भूल जाते हैं कि मनुष्य के विचार ही उनके भाग्य को बनाते हैं, भविष्य का निर्माण करते हैं। भविष्य को जान लेना ही तो भाग्य को पढ़ना है। अपना अतीत जानने का कारण क्या है? वह तो उसने भोगा

और देखा होता है फिर उसे जानने की जिज्ञासा क्यों होगी। हां, वह अपना भविष्य जानने के लिए जरूर इच्छुक रहता है। वास्तविकता यह है कि कल का भविष्य आप पर नहीं, आपके विचारों पर ही निर्भर करता है जैसा बीज डालेंगे, खेत में वैसी ही फसल आपको काटने को मिलेगी। जैसी आपकी विचारधारा होगी, आपका भविष्य वैसा ही होगा–यह निर्विवाद सत्य है।

शरीर तो पशु–पक्षियों का भी होता है, उनमें भी जीव होता है किंतु वे जन्म–जन्मांतर से इस प्रकार की सभ्यता, संस्कृति और निर्माण कला में इतने कुशल एवं दक्ष नहीं बन पाए, जैसी प्रगति मनुष्य ने की है।

मनुष्य एकमात्र अकेला ऐसा प्राणी है जिसने इस पृथ्वी पर अपनी बुद्धि एवं मनोबल की शक्ति के सहारे अभूतपूर्व विकास किया और उन्नति की चरम सीमाओं को छू लिया। आखिर यह सारा चमत्कार कैसे हुआ, उन्नति के रास्ते किस प्रकार और किसने खोज निकाले?

इन प्रश्नों का एक ही साधारण–सा उत्तर नजर आता है–उन्नति करने का श्रेय जाता है विचारों को, कल्पना को, कार्य को, मनोबल को और उत्साह को, जिसने प्रगति पथ पर मनुष्य को दिशा दी, मार्गदर्शन किया, और सफलता के द्वार खोलकर उसे प्रोत्साहित किया।

विचार कोई कमजोर, अमूर्त धारणाएं नहीं हैं, बल्कि वह जीवन है। गतिशील धारणाएं यदि एक बार मन में विकसित हो जाती हैं, तो उन्हें आसानी से दबाया नहीं जा सकता। मनुष्य के मन में जब कोई विचार धारणाओं का रूप लेता है, तो वह उसे उसी प्रकार प्रभावित करता है जैसे जलवायु फसलों का रंग बदल देती है। क्या यह सच नहीं कि फसलों का बढ़ना या फसलों का नष्ट होना केवल जलवायु पर निर्भर करता है? यदि जलवायु अच्छी होती है, तो फसल लहलहाती है और विपरीत जलवायु से सूखा और अकाल पड़ता है।

विचारों की अवहेलना या उपेक्षा मनुष्य को कभी भी नहीं करनी चाहिए। बल्कि उनके महत्व समझकर सद्‌विचारों को हमेशा ग्रहण करना ही बुद्धिमानी है। जब तक आपके स्वस्थ विचार बने रहेंगे, तब तक आपके स्वास्थ्य को खतरे की कोई संभावना नहीं है।

स्वास्थ्य की आधारशिला है–संतुलन और नियम। हमारा शरीर एक मशीन की तरह है, जो प्राणशक्ति से संचालित होती है। मन कोचवान के समान इस मशीन को चलाता है। मन के संकेत पर ही हमारी इच्छाशक्ति प्रबल होती है, और मन के इशारे पर ही हम हिलते-डुलते, उठते-बैठते, चलते-फिरते, खाते-पीते, नाचते-गाते और सुख का आनंद लेते हैं।

मन जब इस शरीर-रूपी गाड़ी का एकमात्र चालक है, और अगर वही अस्वस्थ होकर ठीक नहीं रहेगा तो गाड़ी पर पहिया घूमेगा कैसे? गाड़ी ही रुक जाएगी तो सफर कैसे तय होगा? सफर नहीं तो प्रगति कैसी? प्रायः कई लोग कहते भी देखे जाते हैं कि 'यार, आज मन ठीक नहीं है।' उनके चेहरे पर नजर डालें तो वे सुस्त दिखाई देते हैं। मन के ही कारण वह व्यक्ति चुप बैठ जाता है, क्योंकि वह काम करने में असमर्थ होता है।

इससे साबित होता है कि हमारा मन विचारों से प्रभावित होता है, विचारों से मन और मन से शरीर–यही क्रम लगातार जारी रहते हुए कार्यरत रहता है।

इसलिए हमारे विचार नियमों के अनुसार होने चाहिए, जिससे हम अपने विचारों पर नियंत्रण रखकर मन का संचालन कर सकें और तभी मन खुद ही शरीर का संचालन करेगा। जीवन में संतुलन इसलिए महत्वपूर्ण है, क्योंकि हमारे शरीर के प्रत्येक अंग एक सुनिश्चित संतुलन रहने पर ही सही ढंग से कार्य करते रहते हैं। जब भी किसी कारण से शरीर का संतुलन बिगड़ता है, तो प्रभावित अंग तुरंत अपनी कार्य-प्रणाली को रोककर थम जाता है और ऐसी हालत में हम रोगी हो जाते हैं।

इसलिए नियमित और संतुलित जीवन कभी स्वास्थ्य को बिगड़ने नहीं देता। तभी हम निरोगी जीवन बिता सकते हैं, बीमारियों से बचे रह सकते हैं और हमारा मनोबल कमजोर नहीं होता है। कदम-कदम पर हमें सफलता और समृद्धि मिलती रहती है। अच्छे विचारों का चिंतन और सुखी एवं प्रसन्नचित जीवन के लिए मनोबल का अपना श्रेष्ठतम महत्व है।

मनोबल बढ़ाएं, कामयाब बनें

हर सफलता के पीछे मेहनत छिपी होती है, जिसे कोई नहीं देख पाता। लोग सिर्फ सफलता देखकर ईर्ष्या करते हैं। सफलता के रास्ते में बहुत तरह की बाधाएं भी आती हैं, लेकिन मजबूत मनोबल के सहारे सारी बाधाएं दूर होती चली जाती हैं उम्मीद और आस्था हमें प्रेरणा देती रहती हैं। इसी कारण हमारा मनोबल ऊंचा रहता है। जब तक हमारे मन में इस आस्था के प्रति लगाव है, इसके प्रति आकर्षण है, तभी तक ये हमारे सामने रह सकते हैं। वे सभी वस्तुएं जिन्हें हम अपने पास रखना चाहते हैं तभी तक वे हमारे पास रहती हैं, जब तक हम इन्हें अपनाते रहते हैं।

चुंबक हमेशा लोहे को अपनी ओर आकर्षित कर लेता है, लेकिन चुंबक तांबा, रबड़, लकड़ी आदि अन्य पदार्थों एवं धातुओं को अपनी ओर क्यों नहीं आकर्षित करता?

बहुत साधारण-सी बात है चुंबक में अपने जैसे पदार्थों के प्रति समुचित आकर्षण होता है। इसी चुंबक की तरह ही मनुष्य का भी स्वाभाविक गुण है कि जिन वस्तुओं या मनुष्यों से हमारे विचारों और उद्देश्यों का संबंध होता है, उन्हीं पदार्थों और व्यक्तियों को हम अपनी ओर आकर्षित करते हैं।

जब हम अपनी सफलता को अपने मन में भी जगह नहीं दे सकते, उसे प्राप्त करने के लिए कोशिश ही नहीं करते तो ऐसी स्थिति में असफलता मिलना स्वाभाविक है। यह इसलिए होता है, क्योंकि हम अपने अंदर छुपे सामर्थ्य को पूरी तरह से पहचान ही नहीं पाते और

जिसके परिणामस्वरूप हमें असफलता का मुंह देखना पड़ता है।

यह महत्वपूर्ण सत्य है कि किसी भी वस्तु को प्राप्त करने के लिए उसी के बारे में सोचते रहना बहुत जरूरी है। अगर हम हर समय अपनी सफलता पर संदेह करते रहें, तो स्पष्ट है कि हम उससे दूर चले जाएंगे। इसी कारण हमारा मनोबल भी कमजोर होता चला जाता है।

इसलिए सफलता हासिल करने के लिए मनोबल को ऊंचा रखना जरूरी है। हमारे विचार, भावनाएं, चिंतन हमारे शरीर के प्रत्येक अंग पर असर डालते हैं, इसलिए अपने जीवन की सुरक्षा और स्वस्थता के लिए अपने विचारों को हर समय स्वस्थ, दृढ़ और उत्साहजनक बनाए रखना परिणाम जरूरी है।

एक कंपनी के चतुर मालिक ने एक विज्ञापन दैनिक अखबार में प्रकाशित कराया, 'एक योग्य लड़के की जरूरत है।'

कुछ समय बाद केवल तीन आवेदन मालिक के पास आए। उसने तीनों को साक्षात्कार के लिए बुलाया। उसने प्रत्येक लड़के को बारी-बारी से हाथ में एक गेंद देकर उसे एक निश्चित स्थान पर निशाने लगाने को कहा। तीनों ने निशाना साधा किंतु कोई भी सही जगह अपनी गेंद नहीं फेंक सका। मालिक ने सभी आवदेकों को लौटा दिया।

दो दिन बाद एक छोटा-सा लड़का कंपनी में आया और उसने वहां काम करने की इच्छा व्यक्त की। उसने नम्रता से कहा, 'श्रीमान मुझे काम की तलाश है, कृपया सहयोग कीजिए।' मालिक ने लड़के के हाथ में गेंद थमाकर लक्ष्य पर निशाना लगाने का आदेश दिया। लड़का घबराया नहीं, उसने बहुत सावधानी से मनोबल के सहारे लक्ष्य को साधकर निशाने पर गेंद मार दी।

मालिक ने उससे पूछा, 'तुमने इतना सही निशाना कैसे साध लिया?'

उसने कहा, 'मुझे अपने एक मित्र से पता चल गया था कि आप इस प्रकार की परीक्षा ले रहे हैं। मैंने रातभर अभ्यास किया। मेरी मां गरीब है और मैं उसकी मदद करना चाहता हूं। क्या मैं आपसे मदद प्राप्त कर सकता हूं?'

मालिक ने उस लड़के को वह नौकरी दे दी, क्योंकि उसने लक्ष्य

भेद कर दिखा दिया था। जीवन में लक्ष्य बनाना तो आसान है, किंतु भेदना मुश्किल है, लेकिन जब तक मनोबल प्रेरित नहीं करेगा, तब तक सफलता कैसे संभव है। लक्ष्य की ओर चलना और उसको भेदना ही सफलता की सीढ़ी है, जिसे मनोबल की शक्ति से ही जीता जाता है।

मनोबल की प्रेरणा से लक्ष्य को साधना चाहिए और निःसंकोच प्रगति के लिए बढ़ते जाना चाहिए। यह संकल्प जब तक मन में विकसित न होगा, तब तक लक्ष्य से आपकी दूरी बराबर बनी रहेगी।

जवानी में लिंकन चाहते थे कि उसकी आवाज में एक जादू विकसित हो। अपने मास्टर मैंटर ग्राहम से मिलकर उन्होंने यह इच्छा बताई। अध्यापक ने सुझाव दिया, आवाज में ओज और जादू लाने के लिए व्याकरण का ज्ञान होना बहुत जरूरी है।

लिंकन समझ तो गए किंतु व्याकरण आसानी से उपलब्ध नहीं थी। उन्हें अचानक पता चला कि उसके घर से 5 किलोमीटर दूरी पर एक घर से व्याकरण मिल सकती है। लिंकन उस गांव में जा पहुंचे और व्याकरण की पुस्तक उधार मांग लाए। रात-दिन एक करके वे सारी व्याकरण याद करते और अपने मित्र ग्रीन को सुनाते थे। गांव के लोगों ने भी लिंकन का सहयोग किया। एक बढ़ई ने उसे अपनी दुकान में एकांत स्थान पर पढ़ने की अनुमति दे दी। एक साथी ने बुरादे की रोशनी का प्रबंध किया, जिसके प्रकाश में वह पढ़ाई कर सकें। इस प्रकार लिंकन ने अपने मनोबल और संकल्प के सहारे व्याकरण पर अधिकार जमाकर अपना लक्ष्य पूरा कर लिया।

यह जीवन समुद्र के समान है, जिसे किनारों पर रेतीले टीले और चट्टानी पहाड़ चारों ओर से अपनी गोद में समेटे रहते हैं। अपनी नाव को आप जब तक मजबूती से तैयार नहीं करेंगे, वह झंझावातों और तूफानों से कैसे मुकाबला करेगी, आप किनारे तक कैसे पहुंच पाएंगे। जहाज जर्जर है, कमजोर है तो रेत की शक्तिशाली तहें उसे आगे बढ़ने से रोक देंगी, वह धंसकर एक स्थान पर रुक जाएगा या वहां से निकला तो चट्टानी परतों से टकराकर टूटने का खतरा बढ़ जाएगा। वह जहाज कमजोर होने के कारण बीच में डूब भी सकता है। इसलिए अपने

मनोबल, मस्तिष्क और विचारों को सावधानी से रखिए। जीवन की नाव को चलाने के लिए पतवारों का मजबूत होना जरूरी है। स्वस्थ शरीर ही पतवार चलाने को आसान बनाकर यात्रा के लक्ष्य को पूरा करने में सक्षम होता है। मस्तिष्क का लगातार सक्रिय एवं सजग रहना जरूरी है। अन्यथा जीवनरूपी जहाज कहीं भी समुद्र की बीथियों में उलझा सकता है, भटक सकता है।

जिसकी जीवन नौका परिस्थितियों की धारा के साथ बहने लगती है, जो निरुउद्देश्य जीवन जीता है, उसका व्यवहार अनुकरणीय, विश्वसनीय न होने के कारण, कोई उसका सहयोगी बनना पसंद नहीं करता और वे कभी भी किनारे पर नहीं पहुंच पाता। ऐसा व्यक्ति कभी ऊंचा उठ नहीं सकता, क्योंकि उसके संबंध में कोई जानता ही नहीं, भविष्य में वह कब, क्या करने लग जाए? ऐसे एकांतप्रिय दुर्भाग्यशाली व्यक्ति के जीवन की नाव अपने गलतियों के कारण किनारों से ही टकराकर या तरंगों पर उछलती हुई कभी चट्टानों से टकराकर चूर-चूर होकर ध्वस्त हो सकती है। वह हमेशा भाग्य के सहारे चलने में विश्वास करता है। अपने निर्णय हवा के झोंकों की तरह बदलता है और भाग्य के नाम का जाप करता हुआ संसार की दौड़ में पिछड़कर साहस छोड़ देता है। तब उसे सफलता का कोई भी रास्ता नजर नहीं आता, क्योंकि जिसका मनोबल ही टूट जाता है, उसका भविष्य उज्ज्वल कैसे हो सकता है।

चिंतक डिजरायली का कहना है, 'सोचो मत, काम में जुट जाओ।'

सोचना आदमी की आदत है, क्योंकि वह हर समय ही कुछ न कुछ सोच रहा होता है, सुनहरे सपने देखता है, सपनों को बुनता है, उन्हें साकार बनाने के लिए कोशिश करता है। लेकिन सिर्फ सोचते रहने से तो सपने दौड़ने लग नहीं जाएंगे।

अधिकांश लोग प्रायः सोचते रहते हैं, करते कुछ नहीं। उनमें उत्साह नहीं होता, कोई उमंग नहीं होती, कोई उल्लास नहीं होता और उनका मनोबल शक्तिशाली नहीं होता, जो उन्हें जीवनभर बुलंदियों पर पहुंचा सके।

आदमी को अपना मनोबल कभी टूटने नहीं देना चाहिए। तैमूरलंग

के जीवन में एक दिन ऐसा भी आया, जब दुश्मनों ने उसका पीछा करना शुरू कर दिया। वह भागकर जंगल में छुप गया। भयभीत मुद्रा में जंगली खंडहर में आराम करते समय उसे नींद आ गई।

अचानक जब नींद टूटी तो उसने एक चींटी को सामने के पेड़ पर चढ़ते देखा। वह चींटी अपने उपयोग के लिए एक नन्हा-सा कण मुंह में दबाए जब चढ़ रही थी, तभी वह कण मुंह से गिर गया। वह नीचे उतरी, उसने कण उठाकर फिर चढ़ना शुरू किया। कण पुनः मुंह से फिसला और गिर गया, चींटी फिर उतरी। कण मुंह में दबाया। वह खुद गिरी, संभली, उठी, मुंह में फिर दाना फंसाया और चढ़ने लगी।

कभी कण गिरता, कभी खुद गिरती लेकिन उसका बेजोड़ मनोबल थकने का नाम नहीं ले रहा था। वह कण को लगातार उठाकर ऊपर पेड़ पर ले जाने की कोशिश करती रही। उसने साहस नहीं छोड़ा। तैमूर वहीं लेटा-लेटा चींटी की कोशिशों को देखता व गिनता रहा। चींटी ने उनहत्तर बार कण लेकर पेड़ पर चढ़ने की कोशिश की और अंत में सत्तरवीं बार वह चींटी अपने मुंह के कण को लेकर पेड़ पर चढ़ने में सफल हो गई।

तैमूर की आंखों में चींटी के साहस ने एक नई चमक और आत्मविश्वास उत्पन्न कर दिया। उसकी नींद खुल गई थी और उसके मस्तिष्क में बिजली के समान सशक्त झटका-सा लगा। वह उठा खड़ा हुआ और शत्रुओं से लड़ने के लिए फिर युद्ध स्थल में साहस बटोकर वापस पहुंच गया। एक दिन अपने मनोबल को शक्तिशाली बनाकर ही उसने इतिहास के पन्नों में अपनी सफलता का परचम लहरा ही दिया।

इसी प्रकार फ्रेंकलिन बियर्स ने जब वकालत का पेशा अपनाया तो वह बहुत निराश हुआ। वह अपनी अस्थिर प्रकृति और जल्दबाजी के दुर्गुण-स्वरूप किसी भी व्यक्ति को प्रभावित करने में असमर्थ रहता। लोगों को उसमें विश्वास ही पैदा नहीं होता, तो पैरवी कराने की बात कौन मूर्ख सोचता। वह परेशान हो एकांत में अपने खराब दिनों की समीक्षा करता।

परंतु उसने निश्चय कर लिया कि चाहे वह नौ सौ निन्यानवे बार असफलता का मुंह क्यों न देख ले, जीवन में केवल वकालत ही करेगा।

उसने अपने संघर्ष को और तेज कर दिया। संकल्प पूरा करने के लिए अपनी कमियों को धीरे-धीरे दूर करता रहा। निराशा और चिंता से मुक्त होकर वह तब तक लगातार मेहनत करने में जुटा रहा जब तक कि वह एक प्रतिष्ठित वकील न बन गया। कड़ी मेहनत और शक्तिशाली मनोबल ने उसे वकालत के पेशे में ही आशातीत सफलता और यश की प्राप्ति करा दी। उसका मनोबल ही था कि वही निष्क्रिय वकील एक दिन अमेरिका का प्रेजीडेंट भी बन गया।

डिजरायली ने अपने विचार प्रकट करते हुए एक स्थान पर लिखा है, 'बिना मेहनत किए, बिना पहचान बनाए, बिना चीखे-चिल्लाए, बिना खून बहाए कुछ भी हासिल नहीं होगा, न ही कुछ उत्पन्न किया जा सकता है।'

पहले दर्द से, अभाव से, पीड़ाओं से, मुसीबतों से, समाज से, समस्याओं से, अपने कष्टों से सीखिए, उसके बाद पसीना ही नहीं खून बहाने से भी नहीं चूकिए। जब खून बहेगा, शोर मचेगा, चीखें गूंजेंगी, तो निश्चित है कुछ न कुछ परिवर्तन होकर रहेगा। लक्ष्य की ओर बढ़िए और अपना सर्वस्व लुटाने के लिए तत्पर रहें, सफलता आपके कदम जरूर चूमेगी—लेकिन आपका मनोबल ऊंचा रहना चाहिए।

अपने मानसिक और शारीरिक क्षमता का कुछ हिस्सा ही हम उपयोग कर पाते हैं। प्रत्येक मनुष्य सफलता पाने के लिए अपनी ताकत का पूरी तरह इस्तेमाल नहीं करता। दरअसल उन्हें काम में न लेने का हमारा स्वभाव ही बन गया है और वे व्यर्थ ही नष्ट होती रहती हैं। इसलिए थोड़ी-सी उन्नति और प्रत्येक सफलता एवं उन्नति की प्रशंसा हमें करनी चाहिए। किंतु अपने मनोबल को शक्तिशाली रखने के लिए निम्न आचरण पर जरूर ध्यान रखना चाहिए—

1. विवाद से लाभ उठाने की इच्छा है, तो विवाद नहीं करना चाहिए।
2. दूसरे व्यक्तियों की सलाह का सम्मान करना अच्छी आदत है। लेकिन कभी भी अन्य लोगों की आलोचना से बचना चाहिए क्योंकि आप गलती पर हैं।

3. अपनी गलतियों पर हमेशा विचार करना चाहिए, जिससे उनकी पुनरावृत्ति रुक सके। यदि फिर भी कोई गलती होती है, तो तुरंत निःसंकोच एक बच्चे के समान स्वीकार कर लेना चाहिए।
4. अपनी बात धैर्य और शांति से शुरू करनी चाहिए, कोई कटुता नहीं आने देनी चाहिए। सिर्फ मित्र के समान सहजता से अपने विचार प्रकट करते रहने चाहिए।
5. दूसरे व्यक्ति को ज्यादा से ज्यादा बोलने का अवसर देना चाहिए।
6. ऐसे स्नेहिल आचरण प्रयोग में लाना चाहिए। जिससे दूसरा व्यक्ति आपकी 'हां' में केवल 'हां' ही मिलाए।
7. उसे अनुभव करने देना चाहिए कि आप द्वारा प्रस्तुत प्रस्ताव का विचार उसी का है।
8. दूसरे व्यक्ति के दृष्टिकोण से भी विवादित समस्याओं को समझने की कोशिश करनी चाहिए और निर्णय लेने से पहले निष्कपटपूर्ण विश्लेषण और परखने के बाद ही अपने विचार रखने चाहिए।
9. अगर आप अपनी बातों को मनवाना चाहते हैं, तो दूसरों की इच्छाओं और विचारों के साथ सहानुभूतिपूर्ण स्थिति में निर्णय लेने चाहिए।
10. अपने विचारों को नाटक के रूप में प्रस्तुत करना चाहिए, जिससे आपकी गंभीरता का दूसरे लोग लोहा मान लें।
11. जब आप अपनी जीत अच्छी तरह सुनिश्चित समझ लें, तभी सावधानी से अपने युद्ध कौशल से दूसरों को ललकारना चाहिए।

अपने मनोबल को सचेष्ट और सक्रिय बनाए रखने के लिए हार्वर्ड मैनेजमेंट कॉलेज के डीन डॉनहम अपनी सफलता का रहस्य खोलते हुए बताते हैं कि किसी के कार्यालय में मिलने के लिए जाने से पहले यह समझना जरूरी है कि वह मुझे क्या उत्तर देगा। इसके बाद ही उससे मिलने जाना ठीक रहेगा वरना दो घंटे पटरियों पर टहलना बेहतर है।

संभवतः संसार में सभी लोग सुप्रसिद्ध वैज्ञानिक गैलीलियो के नाम से अच्छी तरह परिचित हैं, जिसने अपने अनुसंधान से प्रतिपादित किया

था कि पृथ्वी सूर्य का चक्कर लगा रही है। उस समय के लोगों को आश्चर्य तो हुआ, किंतु उन्हें उसकी बातों पर यकीन नहीं आया। सभी ने प्रायः उसका विरोध किया और कहा कि उसका कहना बिल्कुल असत्य और बकवास है, इसलिए अगर ऐसी मूर्खतापूर्ण अफवाहें भविष्य में फैलाई तो भयानक परिणाम भुगतने पड़ेंगे।

गैलीलियो नागरिकों की चेतावनी से नहीं डरा। उसने अपना प्रचार जारी रखते हुए गुमराह अपरिचित अज्ञानियों को समझाया, 'पृथ्वी का सूर्य के 'इर्द-गिर्द' चक्कर लगाना, उसकी मनगढ़ंत कहानी नहीं, बल्कि यह विज्ञान सम्मत तथ्य है।' उसका मनोबल ऊंचा था, इसलिए उसने लोगों की बात मानने से इंकार कर दिया। उसने अपने शोध की सच्चाई का लोगों की अज्ञानता से समझौता नहीं किया।

गैलीलियो ने सत्यता के लिए अज्ञानियों की चेतावनी की परवाह न कर कहा, 'मेरा अनुसंधान विज्ञान की कसौटी पर सत्य और खरा है, इसलिए मैं सच्चाई को झूठ की तराजू में तोलकर जीवन रक्षा करने की अपेक्षा फांसी पर चढ़ना पसंद करूंगा।'

धर्म विरोधी मूर्ख करार देकर संसार ने गैलीलियो को फांसी पर लटका दिया, किंतु वह अपने सिद्धांत पर अड़ा रहा और अपने विरोधियों के आगे घुटने नहीं टेके। कई शताब्दियां बीत जाने के बाद भी गैलीलियो फांसी पर झूलने के बाद भी मरा नहीं है।

जीवन में आप कोई भी क्षेत्र चुनें, आपको हर क्षेत्र में लक्ष्य तो बनाना ही होगा। जब तक मनुष्य अपना लक्ष्य ही निर्धारित नहीं करेगा, वह कुछ भी हासिल नहीं कर सकता। आदिकाल में भी मनुष्य को अपने भोजन के लिए जंगली पशुओं को मारने के लिए लक्ष्य साधना पड़ता था, क्योंकि उस समय पशुवध संभव और आसान नहीं था। इस प्रकार यह सत्य है कि व्यवहारिक रूप से मनुष्य जन्म से ही लक्ष्य भेदने में सिद्धहस्त रहा है। इसलिए जब हम लक्ष्य भेदने के लिए तत्पर रहेंगे, तभी जीवन की सार्थकता है।

जब भी कोई व्यक्ति सफलता प्राप्त कर लेता है, तो लोग उससे ईर्ष्या करने लगते हैं। हम इस बात पर कभी ध्यान देना उचित नहीं

समझते कि उसने इस सफलता को प्राप्त करने के लिए कितनी मेहनत की, कितना संघर्ष किया, अपना खून पसीने के समान भी बहाया? सफलता के पीछे उसके संघर्षों का इतिहास कितना लंबा है।

क्या सारे महापुरुष एक दिन में ही महापुरुष बन गए? क्या आप यह कहेंगे कि उसके भाग्य में तो महापुरुष बनना ही लिखा था? उन्हें अपने जीवन में कितनी साधना, कितनी तपस्या, कितनी मेहनत करनी पड़ी, उन सबको कोई बता सकता है? कितने दिन वे भूखे-प्यासे कांटों पर चलते रहे, कितनी रातें आराम से सोए नहीं और जीवन के कौन-कौन से कष्ट उन्होंने नहीं उठाए, तब कहीं जाकर वे महापुरुष की कतार में लाकर खड़े किए गए?

नेपोलियन का जीवन भी एक आदर्श दर्पण था। उसका मनोबल बहुत ऊंचा था। उसका स्वभाव बहुत विचित्र था।

वह तुरंत सोचता, निर्णय करता और निर्णय को अपने कार्यरूप में परिणत करने के लिए तन, मन, धन से जुट जाता था। अपने निर्णय में उसने कभी भी संकोच या झिझक से काम नहीं लिया। जिस काम को भी वह उचित और जरूरी मानता था, उस पर शक्तिशाली मनोबल के सहारे जुट जाता, लेकिन पूरा खत्म करने से पहले वह रात-दिन चैन से व्यतीत नहीं कर पाता था। उसकी सफलता का एकमात्र रहस्य था—तुरंत निर्णय लेने की अद्‌भुत क्षमता और शक्तिशाली मनोबल।

जिसका परिणाम यह निकला कि नेपोलियन बोनापार्ट देखते-देखते ही एक दिन यूरोप का सम्राट बन गया।

सुसंस्कृत इच्छाशक्ति से आत्मविश्वास पैदा होता है और उस आत्मविश्वास के मनोबल पर कार्य करने की शक्ति निर्भर करती है। इसी संदर्भ में विलियम बर्ट कहते हैं, 'जो व्यक्ति इस दुविधा में रहता है कि दो में से पहले कौन-सी बात की जाए, वह मनुष्य कुछ भी नहीं कर सकता है। जो व्यक्ति संकल्प तो करता है मगर विरोधी का प्रचार या विचार सुनकर संकल्प बदल लेता है, वह कभी भी किसी का भला नहीं कर सकता। इच्छाशक्ति के रास्ते में दुविधा सबसे बड़ी दुश्मन है, उससे सावधान रहना चाहिए। नहीं तो आपका मनोबल गिर जाएगा।

इसलिए आदमी को चाहिए कि वह अपने विचारों को कार्यरूप में बदलने के लिए एक योजना बना ले, फिर उस योजना के अनुरूप ही चलने की कोशिश करे। अगर फिर भी वह पराजित होता है, तो कारणों पर विचार करके फिर से कोशिश करने के लिए कमर कस ले।

जो भी आप सोचते हैं उसे करके दिखाइए, जिससे लोग आप पर विश्वास कर सकें। बेकार की कल्पनाएं करना, सिर्फ योजनाएं बनाना, केवल मूर्खता है। यह समय और शारीरिक शक्ति की बर्बादी है।

किसी भी बात पर सोचना कोई गलत बात नहीं है। लेकिन सोचने के बाद उस पर अमल नहीं हो तो सोचना बेकार है। सोचा हुआ कार्य न होने पर मनोबल भी गिर सकता है। सोचना मस्तिष्क का काम है, लेकिन उस विचार को कार्यरूप मकें बदलना तो आपके हाथ की बात है। केवल सुनहरे सपनों को संजोने से सुख का संसार तो नहीं बन जाएगा।

चाहे आप ट्रेन में सफर करें, चाहे जहाज द्वारा समुद्र में घूमें, चाहे वायुयान से आकाश छानें, चाहे मैदानी-पहाड़ी कंटीली पगडंडियां नापें, चाहे खामोश बैठकर किसी सुंदर बगीचे में आराम करें, किंतु आपका मस्तिष्क हर पल कुछ-न-कुछ विचारों से घिरा हुआ सोचता ही रहता है, सक्रिय रहता है, शांति, धैर्य और मौन मुद्रा में चुपचाप बिल्कुल नहीं बैठ सकता। इतना ही नहीं, जब वह नींद की गोद में आराम के लिए लेटकर एकांत में सोना चाहता है, तो अच्छे-बुरे, डरावने और सुनहरे सपने उसे घेरे रहते हैं। उसे चैन नहीं पड़ता और वह हर पल विचारों के सागर में तैरता अपनी उधेड़बुन में ही लगा रहता है—उसके सक्रिय रहने का परिणाम ही होती हैं सफलताएं-असफलताएं।

सोचना तो मनुष्य की प्रकृति है। वह बहुत कल्पनाएं करता है। यदि वह सोचने की शक्ति में इतना संपन्न न हो, या उसका दिमाग इतनी कल्पना की उड़ानें न भरे, तो एक दिन सचमुच वह पागल हो जाएगा। तब उसमें और जानवरों में कोई अंतर ही शेष नहीं रह जाएगा।

अन्य प्राणियों की तुलना में मनुष्य में सोचने, समझने की शक्ति सबसे ज्यादा है। उसकी मनोवृत्ति प्रबल होने के कारण वह सपने तो बहुत

देख लेता है, बहुत तरह की कल्पनाएं कर लेता है, लेकिन जब उन्हें साकार करने का समय आता है तो वह भटक जाता है।

जॉन ऑफ आर्क की सफलता का रहस्य था कि 'वह प्रश्न के सुनते ही तुरंत उसके समाधान में जुट जाती, क्योंकि वह अपने परिपक्व विचारों, दृढ़ता एवं साहस से तुरंत निर्णय लेने में सक्षम थी। उसने ईश्वर के नाम पर चार्ल्स सप्तम को सम्राट घोषित कर दिया और अंग्रेजों पर जीत की घोषणा करने में जरा भी देरी नहीं की। उसने फैसला लेने में एक पल का भी समय नहीं गंवाया।

ऐसे ही प्रबल और शक्तिशाली मनोबल का उदाहरण हम कोलंबस के जीवन संघर्ष में देख सकते हैं। जैसे ही उसके मस्तिष्क में कोई विचार कौंधता, वह तुरंत कार्य रूप में परिणत करने को उतारू हो जाता था। उसका लक्ष्य रास्ते पर संघर्षों से मुकाबला कर बढ़ते रहना था। युवावस्था से ही उसने सुनहरे सपनों को साकार करने के फैसलों और दृढ़ संकल्प को ही अपना गुरु मंत्र बना लिया था। समुद्री तूफान-भरी अंधेरी विकराल रातों में वह अपने साथियों की इच्छा के विपरीत अपना अभियान त्यागता नहीं था। यात्रा में कठिनाइयों के अलावा खाद्यान्न के अभाव में जब साथियों ने हिम्मत हारकर आगे बढ़ने से इंकार कर दिया था, क्योंकि पृथ्वी का कोई ओर-छोर दूर-दूर तक नजर नहीं आ रहा था और समुद्र अपनी विकरालता लिए यात्रियों को परास्त करने में जुटा था, लेकिन कोलंबस का शक्तिशाली मनोबल संघर्ष के सामने न तो झुका और न ही टूटा। उसका एक ही लक्ष्य था, 'मरना मंजूर है किंतु हार नहीं माननी है। साथी लगातार दबाव डाल रहे थे, अभियान में जीवन रक्षा असंभव है, खाने को भोजन नहीं, तूफानों का दौर समुद्र में हलचल मचाए है, इसलिए जान-बूझकर मौत के मुंह में छलांग लगाने से क्या लाभ मिलेगा। इसके बावजूद कोलंबस किसी कीमत पर यात्रा स्थगित करने को तैयार नहीं था। इसलिए सहयोगियों ने योजना बना डाली कि उसे समुद्र में फेंककर मारना ही बचाव का एक रास्ता शेष बचा है।'

उसने निडरता से उस षड्यंत्र का उत्तर दिया, 'अगर आप लोग मुझे जान से मार डालेंगे, तभी यह अभियान बंद हो सकता है। मेरे जिंदा रहते

यह अभियान बंद नहीं होगा।'

इस दृढ़ निश्चय का, शक्तिशाली मनोबल का परिणाम यह निकला कि उनके जहाज ने समुद्र की वाचाल तरंगों की छाती चीरते हुए धरती का किनारा खोज ही डाला, सभी यात्रा सहयोगी हर्षोल्लास से चीख उठे, 'किनारा मिल गया....ठीक सामने....धरती ही तो है।'

साहसी कोलंबस भारत न सही अमेरिका पहुंच गया था। उसका नाम इतिहास के पृष्ठों में अमर हो गया।

प्रसिद्ध दार्शनिक सुकरात ने एक बार अपने मित्रों से बड़ी गंभीरता से कहा, 'जीना एक कला है। जिसे प्रत्येक मनुष्य को सीखना चाहिए। जीना सीखो, तो निश्चय ही कभी मौत नहीं मिलेगी। उठना-बैठना, खाना-पीना, बोलना-चालना और किस व्यक्ति से कैसे व्यवहार किया जाए, यह हम एक-दूसरे के सान्निध्य में आने पर ही सीखते हैं। इस दुनिया में हम जब आ गए हैं, तो यह जानना भी बहुत जरूरी है कि इसे आसानी और खुशी के साथ किस प्रकार जिया जा सकता है?' वह आगे बोले, 'प्रत्येक व्यक्ति की यदि इच्छा हो तो वह अपनी कायाकल्प कर सकता है, आप पूछेंगे कैसे?'

मित्र बोले, 'आपने प्रश्न उलझाया है, तो उत्तर भी आपको देना है। जीने के उपाय क्या हैं? अवगुणी और कायर भी क्या वैतरणी पार कर सकते हैं?'

सुकरात ने सहर्ष उत्तर दिया, 'आदमी सोच ले कि उसे क्या करना है, कैसे करना है? तो तुरंत ही उस कल्पना को अमली जामा पहनाकर काम शुरू कर देना चाहिए। उसकी जीत होगी। इस प्रकार अवगुणी, गुणी और कायर, बहादुर बन सकता है। अपने विचारों पर अमल करना तो शुरू करें।

डॉक्टर विलियम मैथ्यूज ने मनुष्य स्वभाव का गहन अध्ययन कर अपने लेख में लिखा है, 'सुखद योजनाएं बनाते समय आदमी को एक अजीब-सा सुख मिलता है। इसी सुख में आत्मविभोर हो वह इतना डूब जाता है कि आगे कुछ सोचना-समझना जरूरी ही नहीं समझता। वह सपनों के संसार में काम ही नहीं करता, कल्पना में बहता है, सपनों में

दौड़ता है, क्योंकि वह अपनी स्मरणशक्ति खो देता है। अगर संतुलित और शक्तिशाली व्यक्ति में शीघ्र निर्णय क्षमता और दृढ़ संकल्प का अभाव है तो वह कभी भी कोई कार्य पूरा कर ही नहीं सकेगा। जो कार्य के दोनों पक्षों पर निर्णय नहीं ले सकता या जिसे कार्य के दोनों पक्ष एक-दूसरे से श्रेष्ठ लगते हैं, ऐसा व्यक्ति दुविधा में रहकर किसी एक को चुनने में सक्षम नहीं होता है। केवल दृढ़ इच्छा-शक्ति के बल पर मनुष्य तुरंत निर्णय ले सकता है और यह तभी संभव है जब उसका मनोबल उसे प्रेरित करे।

आज के नवयुवक बेमतलब की बातों पर अधिक विचार करते हैं। जो आप सोचते हैं, उसे करना भी तो चाहिए। जो करने योग्य नहीं, उस पर विचार करने या सोचने की जरूरत आप क्यों समझते हैं? ऐसे बेतुके विचारों को अपने दिमाग से दूर ही रखना चाहिए और अपने अमूल्य समय को बेकार में ही नष्ट नहीं होने देना चाहिए। अपने आलोचक आप खुद बनिए। समय-असमय, अच्छा-बुरा, अपने ज्ञान और सूझ-बूझ का इस्तेमाल करके ही फैसला लेने का अभ्यास कीजिए। मनोबल और आत्मविश्वास से किए गए निर्णय आपको कभी भी धोखा नहीं दे सकते हैं।

फैवीफर्न ने अपनी डायरी में जनरल टेलर के निर्णय लेने की क्षमता पर बहुत आश्चर्य प्रकट किया कि युद्ध के मैदान में जहां पक्ष-विपक्ष की सेनाएं आमने-सामने युद्ध कर रही हों, वह ऐसे विकट समय पर भी संयत और तात्कालिक फैसले क्षणभर में ले लेता था, जिससे विपक्ष का साहस खत्म हो जाता था। उसकी सेना भाग खड़ी होती या हताहत हो जाती थी।

वह कहता है कि आप भी जनरल टेलर की तरह निर्णय ले सकते हैं किंतु अधिक सोच-विचार करना अर्थ का अनर्थ कर देता है। निर्णय लेने में यदि देर हो तो आप मौत के मुंह में भी जा सकते हैं, इसलिए शीघ्रता से निर्णय लीजिए।

उन्होंने इस संदर्भ में एक रोचक घटना का वर्णन किया है। एक दिन डाकुओं ने दो युवकों का अपहरण कर उनके पिता को पत्र लिखा,

'तुम्हारे दोनों पुत्र हमारे कब्जे में हैं। यदि आप एक लाख की रकम फिरौती के लिए तुरंत देने में सक्षम हो, तो दोनों में से एक पुत्र को छोड़ा जा सकता है। आप पुलिस सहायता नहीं लें।

यह पत्र अपहरणकर्ताओं ने पिता को भिजवा दिया। परिवार वाले और शुभचिंतक बहुत परेशान हुए कि क्या किया जाए। समस्या उलझनपूर्ण यह भी थी कि दोनों पुत्रों में से छुड़वाने के लिए किसे पहले चुनें। समय तेजी से बीतता गया। पिता एवं उस परिवार के सदस्यगण दोनों में किसी एक पुत्र का चुनाव ही नहीं कर पाए और पत्र की प्रतीक्षा में अपहरणकर्ताओं ने अपहृत दोनों ही पुत्रों को मौत के घाट उतार दिया। परिवार दुविधा में पड़े रहने के कारण तुरंत निर्णय न ले सका और वे एक भी पुत्र का जीवन नहीं बचा पाया।

दुविधा में फंसे लोग जल्द कोई फैसला नहीं ले पाते, इसलिए उनकी योजनाएं शुरू ही नहीं हो पातीं। दुविधाग्रस्त लोग तभी सफलता पा सकते हैं, जब वे तुरंत फैसला लेने की आदत डालें। सोचने, विचारने और तर्क–कुतर्क में समय बर्बाद नहीं करें। विचारों को एक–दूसरे पर थोपने के बजाय दो टूक निर्णय लेने में अपने मनोबल की सहायता लें, तभी उनका कल्याण हो सकता है।

आशावादी बनें

एक कहावत है, 'उम्मीद पर दुनिया कायम है।' उम्मीद से भरे मनुष्य को ही जीवन में सफलताएं मिलती हैं, जबकि एक बार असफल होने के बाद हिम्मत हारने वाले मनुष्य उम्मीद का दामन छोड़ देते हैं। मनुष्य को हमेशा आशावान रहना चाहिए, क्योंकि अगर आज असफलता मिली है तो कल सफलता भी मिलेगी। ऐसा सोचने वालों के लिए ही आगे के रास्ते खुले मिलते हैं, वरना आप खुद समझ सकते हैं कि जिसने उम्मीद ही छोड़ दी हो, उसे सफलता की मंजिल मिलना तो दूर की बात है।

एक चिड़िया तिनका-तिनका अपनी चोंच से पकड़कर बहुत यत्न और मेहनत से अपना घोंसला बनाती है। वह ऐसे स्थान को चुनती है, जहां आंधी, तूफान, वर्षा और भीषण गर्मी आदि के बेमौसमी हवाओं से सुरक्षित रहा जा सके।

आप या कोई शरारती बच्चा अगर उस घोंसले को मनमाने ढंग से तोड़ डाले, तो क्या वह चिड़िया उस समय रोएगी? क्या वह अपना घोंसला बनाना बंद कर देगी? नहीं, वह निराश न होकर अपना नया घोंसला फिर बनाकर तैयार कर देगी, क्योंकि रहने के लिए एक घोंसला तो चाहिए ही।

लेकिन यह हो सकता है कि वह घोंसले का स्थान बदलकर पहले के बजाए अब की अधिक सुरक्षित स्थान पर घोंसला बनाए। इसी प्रकार अगर आपकी मेहनत एक बार बेकार चली जाती है, तो निराश होने के बजाए नए सिरे से अपनी योजना को मनोबल से दोबार शुरू कर देना चाहिए। चिंतातुर भावनाओं के चक्कर में पड़कर आप अपने स्वास्थ्य को

बिगाड़ लेते हैं। ऐसी स्थिति में हो सकता है, आपकी मेहनत और कोशिश असफल हो जाए, क्योंकि अगर शरीर ढीला पड़ा तो कार्य बंद हो जाएगा।

शरीर की शिथिलता, आलस्य और निराशा की जननी है। अपने चेहरे पर कभी भी आकांक्षाओं की छाया न पड़ने दें, मनहूसियत-भरी उदासी सेहत पर बुरा प्रभाव डालती है। ऐसी भावनाओं से आपका स्वास्थ्य कमजोरी का शिकार हो जाएगा। दु:खी मन से मुंह लटकाए घूमना कहां तक उचित है? ऐसे आचरण से आप खुद कमजोर हो जाते हैं और आपको लाभ की अपेक्षा हानि अधिक उठानी पड़ सकती है।

यह भी ध्यान रखें कि अपना दु:ख किसी से न कहें। किसी के सामने अपने दिल की हर बात कहना मूर्खता है। इससे आपकी कमजोरी दूसरों को पता चलेगी और वह आपका मजाक भी बना सकता है, इसलिए अपनी गलती मानकर उसे सुधारना ही सबसे अच्छा उपाय है। ऐसा करने से मन को शांति मिलती है एवं धैर्य और उत्साह बढ़ने के साथ ही चिंता और भय दूर हो जाता है। एक सबक सीखकर दुबारा गलती न करने के लिए तैयार हो जाना बेहतर है—न चिंता सताएगी, न समय ही बेकार में नष्ट होगा और न दुर्भावनाएं उत्पन्न होंगी।

प्रसन्नता शरीर में उत्साह बढ़ाती है, प्रसन्नता सब रोगों की एक दवा है।

असफलता एवं निराशा-भरी भावनाएं स्वास्थ्य पर बहुत गहरा असर डालती हैं, इसलिए ऐसी कमजोर भावनाओं से मनुष्य को सतर्क रहना चाहिए। उनको अपने मन से जितनी शीघ्रता से हो, बाहर निकाल फेंकना चाहिए। हर समय हर हाल में खुश रहने की कोशिश करनी चाहिए, क्योंकि प्रसन्नता ही संकटों और भवसागर से आपको पार लगाने वाली नौका है। प्रसन्नता को हर मंजिल को पार कराने वाली वैतरणी समझना चाहिए—वही आपकी कांटों से भरी पगडंडियों में साथी बनकर आपका दिशा निर्देशन करेगी।

प्रसन्न मन से किए हुए कार्यों से कभी थकावट नहीं आती है और कम समय में कम मेहनत से, अधिक कार्य होता है।

यह एक प्रामाणिक सत्य है जो कि व्यक्ति अपने कार्य बिना मन के, अनिच्छा से, असमय और रोते-रोते शुरू करते हैं, झींकते रहते हैं,

चीखते-चिल्लाते हैं, काम का नाटक करते हैं, उनका काम ज्यादातर बिगड़ता ही है और यदि थोड़े समय बाद बनता भी है तो पूरा नहीं होता या पूरा करने में ज्यादा से ज्यादा समय नष्ट होता है।

यदि आप निश्चित समय पर, मनोबल के साथ प्रसन्न मुद्रा में अपने कार्य को उत्साह के साथ शुरू करें तो आप देखेंगे वह कार्य कम समय में बिना चिंता और थकावट के पूरा हो जाएगा। पूरा होने में न कोई गलती होगी और न ही बीच में कोई गड़बड़ी होने की संभावना होगी।

लाख बीमारियों की एक दवा है मुस्कराना। आप लगातार मुस्कराइए और प्रसन्न रहिए। यह मनोबल और शरीर के लिए एक अचूक दवा है।

इसलिए हमेशा अपने मन को प्रसन्न रखें। उदास और निराश रहना स्वास्थ्य के लिए ठीक नहीं है, इसलिए इनको तुरंत त्याग दीजिए। जब कभी सावधानी-असावधानी से कार्य बिगड़ जाए, तो मन दुःखी या मलाल करने की जरूरत नहीं है। खुश रहें और उस घटना को बिल्कुल भूल जाएं। यदि आप चिंता और भय का दामन पकड़कर बैठ गए तो क्या समस्या सुलझ जाएगी? उस बिगड़े काम का शोक करना, चिंता करना, मन दुःखी करना सिर्फ पागलपन है।

विश्वप्रसिद्ध वैन फ्रेंकलिन अपने लेख में लिखते हैं, 'दूसरों के विचारों पर विरोध जताना और अपनी ही बात का समर्थन करना उचित बात नहीं है। किसी ने बात सुनने से पहले उसका तुरंत खंडन करने से आपकी छवि पर भी असर पड़ता है। इसलिए दूसरों की बात सुनने के बाद ही अपने विचार प्रकट करने चाहिए।'

कोलंबिया विश्वविद्यालय के प्रधान डॉक्टर निकलस मर्टे बटलर कहते हैं, 'जो मनुष्य केवल अपने ही विषय में बातें करने में रुचि लेते हैं, अपनी ही बातें करते हैं और लगातार अपने ही विषय में सोचते हैं। ऐसे व्यक्ति निराशाजनक रूप से बिल्कुल अशिक्षित हैं, चाहे उन्होंने कितनी ही शिक्षा क्यों न पाई हो।'

बी. जार्ज एक प्रसिद्ध पहलवान था, जिसका सुडौल, सुंदर और बलवान शरीर देखकर प्रतियोगी का पसीना लड़ने से पहले छूट जाता है। वह जीवनभर कुश्तियां लड़ा और जीता, मगर जिस दिन उसका मुकाबला

नारमन से हुआ, वह अखाड़े में चारों खाने चित्त हो गया। पराजय का आघात उसकी अंतरात्मा पर इतना पड़ा कि कुछ दिनों के बाद ही उसका स्वस्थ शरीर सूखकर कांटा हो गया। कोई उसे देखकर यह कहने को तैयार नहीं था, यह वही प्रसिद्ध नामी पहलवान बी. जार्ज है।

पराजय ने उसके जीवन को खोखला कर दिया, असफलता के गहरे धक्के से उसका मनोबल टूट गया था। मस्तिष्क बीमार होते ही उसके हाथ-पैर शिथिल हो गए, उसकी कसरत छूट गई, क्योंकि असफलता और निराशा ने उसके हृदय पर अचानक वज्रपात कर डाला था। निराशा एवं कमजोर भावनाओं ने उसके गठीले शरीर को दीमक के समान चाट लिया था। उसके शरीर की तमाम ग्रंथिया कुंठित होकर सिकुड़ गई थीं। पराजित असफल, चिंतातुर भावना ने उसे लंगड़ा कर दिया था, इसलिए उसका शिथिल शरीर चुपचाप चारपाई पर पड़ा रहता। असफलताएं उसके शरीर के साथ स्वास्थ्य को भी खा गईं, क्योंकि उसका मनोबल खत्म हो गया था।

जब स्वास्थ्य एक बार गिर जाता है तो शरीर अनेक प्रकार की बीमारियों का घर बन जाता है। उसके शरीर को बीमारियों द्वारा घेरा जाना स्वाभाविक और साधारण बात ही तो है। कमजोरी आते ही शरीर में बीमारी आसन जमा लेती है और मनुष्य उदासी, असफलता और निराशा की बैसाखियों पर चलना शुरू कर देता है।

इसलिए असफलता के कारण आपको कभी भी निराश एवं उदास नहीं होना चाहिए।

आप आखिर उदास क्यों हैं? आपने असफलता के सामने इतनी जल्दी बिना संघर्ष किए घुटने क्यों टेक दिए? आपके पास इन दो प्रश्नों के उत्तर आखिर क्या हैं?

आपका काम नहीं बना। मित्र समय पर धोखा दे गया। आज काम होने की संभावना थी, अचानक कहा-सुनी हो गई, समय ही निकल गया, ऐसे बिना सिर-पैर के कारण आप गिनाने लग जाते हैं। यही सब उदासी के कारण हो सकते हैं।

उदास होकर चुपचाप बैठ जाना एक गलत बात है। मन को बोझिल बनाने से आपको कोई फायदा नहीं होगा। क्या असफलता सफलता में

बदल जाएगी यदि आपने कार्य करना स्थगित कर दिया है?

अब केवल आप वर्तमान पर ध्यान दीजिए जो होना था हो गया। जो भी हो चुका है, वह तो वापस नहीं आ सकता। फिर चिंता करके, मौन रहकर और शोक मनाकर आप क्या बताना चाहते हैं? मान लीजिए जो मनुष्य मर गया, क्या आपके रोने से ही वह जिंदा हो जाएगा? अगर नहीं, तो रोना समय नष्ट करना है।

महापुरुषों का कहना है कि अगर आपमें सद्गुण नहीं हैं, तो संसार का रूप महत्वहीन है। अगर विनम्रता नहीं तो शिक्षा पाने का कोई फायदा नहीं। धन जमा करने के बाद भी अगर समय पर उसका इस्तेमाल न किया जाए, तो उसका क्या फायदा। इसी तरह अगर मनुष्य में साहस नहीं है तो उसके हाथों में आधुनिक हथियारों को थमाने का क्या फायदा? अगर भूख न लगी हो तो आपके सामने तमाम तरह के व्यंजन रखने में क्या फायदा?

यदि प्रेम न हो तो भाई होना बेकार है, यदि जोश न हो तो यह जवानी किस काम की। इसी प्रकार यदि मन में परोपकार की भावना ही शेष नहीं बची हो, तो ऐसा शुष्क जीवन जीना ही बेकार है।

अपने आसपास के वातावरण में देखने से पता चलता है कि असफलता, निराशा की भावनाएं स्वास्थ्य की दुश्मन होती हैं।

परीक्षाओं में फेल होने पर छात्र–छात्राओं को स्वास्थ्य खुद ही गिरने लगता है। उनका चेहरा मलिन, उदास और फीका नजर आता है और प्रेमी–प्रेमिकाएं तो विरह की आग में झुलसकर बेहाल हो जाते हैं। यही कारण है कि निराशा और असफलता हमारे स्वास्थ्य को अनजाने में ही दीमक के समान चाट जाती हैं। पता जब चलता है, जब शरीर में रोग के लक्षण स्पष्ट दिखाई देने शुरू होते हैं।

रात के बाद दिन और दिन के बाद रात का आना स्वाभाविक है। दु:ख के बाद सुख और सुख के बाद दु:ख आता है, तो परेशान होने से क्या फायदा? मनोबल को गिराने से क्या स्वास्थ्य गिरने से बच सकता है?

इसलिए मनुष्य को हमेशा आशावान रहना चाहिए। अगर आज गिरे हैं तो कल जरूर उठेंगे। यह जब निश्चित है कि कल उठकर जरूर खड़े होंगे, तो चिंता की बात क्या है? धैर्य और आशा से हमें अपने रास्ते पर चलते

रहना चाहिए, कदम लगातार चलते रहना चाहिए, बढ़ते रहना चाहिए। रथ कहीं रुक न जाए सिर्फ इतनी सजगता, जागरूकता रखना हमारा कर्तव्य है।

अगर आहत मन को एक बार आपने गिरा लिया, तो यह भी संभव है, वह परास्त होकर दोबारा उठने का नाम ही न ले। इसलिए यदि आपने मन को मार लिया, तो अपना अहित आप खुद करेंगे। अपना उज्ज्वल भविष्य खुद अपने हाथों से ही नष्ट कर देंगे।

खुद जरा दिमाग पर जोर डालिए कि एक तो आपका नुकसान हो ही गया, दूसरे आप उसके लिए अफसोस करने बैठ गए। जो नुकसान आप खुद करने जा रहे हैं, उसे रोकेगा कौन? उसका परिणाम किसे भोगना पड़ेगा? अगर आप आलस्य से घिरे रहे तो कार्यक्षमता घटकर खत्म हो जाएगी।

इसलिए हमेशा विवेक से काम कीजिए। अपनी भावनाओं को स्वच्छता प्रदान कीजिए, उन्हें सुंदर रखिए और हर पल आशांवित रहने की कोशिश कीजिए। अपना मन प्रसन्नचित्त रखते हुए कार्य करने में ही बुद्धिमानी है। इसी आचरण से मनोबल ऊंचा उठने से ही आप सफलता प्राप्त कर सकते हैं औ आपके मन की इच्छाएं पूरी हो सकती हैं।

अपने मनोबल को ऊंचा रखने पर आपकी मजबूत भावनाएं नए-नए सपनों, विचारों और उत्साह-भरे अवसरों के विषय में योजनाएं तैयार कर उसमें जी-तोड़ मेहनत के लिए जुट जाएंगी। इसलिए हमें हिम्मत से काम लेना चाहिए, धैर्य से निर्णय लेना चाहिए और योजनाबद्ध तरीके से आने वाले संघर्षों का साहस से मुकाबला करना चाहिए। हमेशा प्रगति की, उन्नति की और सुख की सुंदर-सुंदर कल्पनाएं करनी चाहिए, कभी भी हतोत्साहित नहीं होना चाहिए इसी में हमारी पूरी भलाई है।

यदि फिर भी हार होती है तो उसे सहर्ष स्वीकार कर उसे भूल जाना चाहिए। मगर हार के कारणों का मूल्यांकन इस बारीकी के साथ करना चाहिए, जिससे पिछली गलतियों को सुधारा जा सके। अगर वह गलती आप दुबारा करते हैं, तो यह बात शर्मनाक होगी और आप अपने को अपमानित महसूस करेंगे।

आपका स्वास्थ्य कैसा रहता है? इसकी जानकारी जवानी बीतने के

बाद ही आपको पता चलती है। जवानी में शरीर में शक्ति होती है। विशेष ऊर्जा होती है, इसलिए आपको बहुत सारी असावधानियां नजर ही नहीं आतीं। जब आप 40-50 वर्ष की सीमा रेखा पार कर जाते हैं, तो आपकी शारीरिक शक्ति कमजोर होनी शुरू हो जाती है। यदि समय रहते आप संभलकर चलना शुरू कर दें तो ठीक है, क्योंकि ढलती उम्र में ही आपका स्वास्थ्य ठीक रहना जरूरी है। इससे चिंताएं कम होंगी और आप प्रसन्नचित रह सकेंगे। जब आप सब लोगों के साथ स्नेहिल व्यवहार रखेंगे, सभी को सम्मान-आदर देंगे, तो मित्रता मजबूत होगी और प्रसन्नतावश अनेक प्रकार की समस्याओं का समाधान उनके सहयोग से कर पाने से आपका मनोबल लगातार बढ़ता ही जाएगा और आप सफलता की चरमसीमा को छूने में सक्षम हो सकेंगे।

आपका स्वास्थ्य कैसा रहे? इसका अर्थ कुछ लोग गलती से कुछ और ही लगा लेते हैं। अच्छे स्वास्थ्य का मतलब अपने शक्तिशाली एवं सुडौल शरीर से नहीं निकालना चाहिए। अच्छे स्वास्थ्य का मतलब बहुत साधारण है—आप निरोगी रहें, अनावश्यक बीमारी के शिकार न हों और अपना जीवन अयोग्यता के साथ बिताने में सक्षम हों।

छरहरे, दुबले-पतले शरीर वाले व्यक्ति पर स्वास्थ्य भी ठीक हो सकता है। यही देखने में आया है कि मोटे-ताजे, भारी-भरकम व्यक्ति अनियमित भोजन के कारण रोगग्रस्त होकर दुःखमय जीवन जीते हैं। अच्छा-खासा तगड़ा और मजबूत दिखाई देने वाला व्यक्ति बहुत तरह के रोगों की दलदल में फंसकर अपने सुखमय भविष्य को अंधकारमय बना डालता है। वह न समय पर भोजन करता है, न समय पर काम करता है और न ही शरीर को समय पर आराम देने के लिए सोता है। फिर वह स्वस्थ कैसे रह सकता है?

मनुष्य का स्वास्थ्य उसकी भावनाओं और विचारों पर निर्भर करता है। उसका स्वास्थ्य मस्तिष्क पर निर्भर करता है। काम, क्रोध, लोभ, मोह, मद वे सभी गुण दुर्गुण शरीर के लिए नुकसानदेह ही नहीं बल्कि उसके खास दुश्मन हैं। जब शरीर पर इनका आक्रमण होता है, तो दुष्परिणाम बहुत समय तक भोगने के लिए विवश होना पड़ता है। छोटी-छोटी भावनाएं तो अतृप्त

अवस्था में चिंता का रूप धारण कर मनुष्य को बेरहमी से दौड़ाती हैं, उसका भयानक प्रभाव मनोबल पर भी पड़ता है, उसकी शक्ति बेकार में नष्ट होती है, आत्मसंयम डगमगाता है, और वह दिशाहीन होकर हाथ पर हाथ रखकर अपना लक्ष्य त्यागकर चुपचाप बैठ जाता है।

इसलिए अपने मन में निराशाजनक हतोत्साहित करने वाले दुर्बल विचारों को लाना ही मूर्खता है, क्योंकि भावनाओं का सीधा असर स्वास्थ्य पर ही पड़ता है। इसलिए सबसे पहले मनुष्य को अपने मन को ठीक रखना है। जब मन ठीक रहेगा तो स्वास्थ्य खुद ठीक रहेगा। जैसे विचार हमारे मन में पैदा होते हैं, वैसे आचरण हम करते हैं और आचरण के अनुरूप ही परिणाम हमें भुगतने पड़ते हैं।

दुर्बल और गंदे विचारों में हमेशा डूबे रहने वाले व्यक्ति का चेहरा हमेशा बुझा-बुझा-सा नजर आता है। उसके चेहरे पर कोई चमक नहीं होती है। उसकी आंखों के नीचे काले धब्बे पड़े मिलते हैं। शरीर की कमजोरी के कारण वह लोगों से चिड़चिड़े स्वभाव द्वारा प्रायः झगड़ा किया करता है, क्योंकि उसकी मानसिकता हमेशा दुविधा में विचरती है, वह अपनी हानि खुद करता है। यह सोचकर कि लोग उसकी उपेक्षा करते हैं, नीच समझते हैं, अपमानित करना चाहते हैं, वह उन मित्रों से भी कट जाता है, क्योंकि उनकी भावना दूषित होकर गंदे विचारों का केंद्र बन जाती है। इस प्रकार एक दुर्बल व्यक्ति अपनी सोच के कारण गलत आचरण करता हुआ अनेक प्रकार के अपराध तक करने में रुचि लेने लगता है। उसका मनोबल असंतुलित रहने के कारण टूट जाता है। शरीर आलस्य से भर जाता है। इसलिए कभी हताश नहीं होना चाहिए।

जैसे-जैसे उम्र बढ़ने लगती है, मनुष्य आलस्य का शिकार होकर उसके क्रूर पंजों में जकड़ता जाता है। आलस्य स्वास्थ्य का प्रबल शत्रु है।

एक 90 वर्षीय लखपति अपने कपड़े खुद धोता था। घरेलू काम-काज में भी वह अधिक से अधिक मेहनत किया करता था। लोगों ने उसे यह कहकर धिक्कारना शुरू कर दिया कि वह कंजूस है, जमा संपत्ति को भोगना उसके भाग्य में नहीं है और उसके मर जाने के बाद उसकी संपत्ति हरामी-मवाली छीनकर आनंद करेंगे।

वह लोगों की बात पर ध्यान नहीं देता था। वह खुद को बहुत व्यस्त रखता था। बिना मतलब की बातें सुनकर उन पर विचार करने का न उसके पास समय था, न अपनी नींद हराम करने का वह आदी था।

वह लखपति न तो कंजूस था और न ही वह अपने काम अपने हाथों करके धन बचाता था। वह तो साधारणतया शारीरिक मेहनत करके अपने शरीर में फुर्ती, चुस्ती, उत्साह और मनोबल शक्तिशाली रखकर खुद को निरोगी रखने के उपाय में संलग्न था। यदि कोई व्यक्ति अपने स्वास्थ्य को सही और मनोबल को शक्तिशाली रखने के लिए अपने समय और शरीर का सही उपयोग करता है, तो उसमें बुरी बात क्या है? ऐसा आचरण करने से उसका खाना-पीना हजम होता है। मेहनत करने से शरीर चुस्त और फुर्तीला रहता है।

कुछ न कुछ शारीरिक मेहनत का काम करते रहने से मांसपेशियों शिथिल होकर शरीर पर झूलती नहीं हैं और कार्यक्षमता दिनोंदिन घटने की अपेक्षा बढ़ती जाती है।

आलस्य शरीर को तोड़ डालता है और ग्रंथियों की रोग-विरोधी क्षमता को कम कर देता है, जिसके कारण मनुष्य रोगग्रस्त होकर एक दिन बीमार पड़ जाता है। इसलिए आलस्य से बचे रहने के लिए जरूरी है कि आदमी कुछ-न-कुछ काम करते हुए अपने जीवन में व्यस्त रहे। यह आचरण उन लोगों के लिए तो बहुत जरूरी है, जो अपनी उम्र के 50 वर्ष पूरे करने के बाद बुढ़ापे की दहलीज पर कदम रख चुके हैं। उन्हें आलस्य से बचने के अधिक उपाय सोचने चाहिए और कोशिश करके खुद को कामों में व्यस्त रखना चाहिए, समय नष्ट नहीं करना चाहिए, संघर्षरत रहकर मुकाबला करना चाहिए और मनोबल को शक्तिशाली रखते हुए प्रसन्नता का जीवन जीने की आदत डालनी चाहिए।

घर में पचासों तरह के कार्य होते हैं, जिसमें रुचि लेकर आप आलस्य को भगा सकते हैं। बागवानी करना, पढ़ना-पढ़ाना, मनोरंजक मनोवांछित खेल-कूदों में रुचि लेना, शारीरिक मेहनत का सहज में कार्य करना, क्षमतानुसार अन्य घरेलू कामों में जिनमें रुचि हो, पूरा करने में समय का सही उपयोग किया जा सकता है। ऐसा करने से आपका समय

भी कट जाएगा और स्वास्थ्य भी ठीक रहेगा। अगर आपको स्वस्थ रहना है, तो उपरोक्त सुझावों का पालन करना ही चाहिए।

मनुष्य हमेशा आरोग्य जीवन कैसे व्यतीत कर सकता है? इस संदर्भ में सुप्रसिद्ध चिकित्सक डॉक्टर जॉन सैमुअल ने सावधानी रखने के निम्न सुझाव दिए हैं–

1. हमेशा मन में सुंदर भावनाएं बनाए रखनी चाहिए।
2. कुछ-न-कुछ इच्छानुकूल कार्यों में रुचि लेकर खुद को व्यस्त रखना चाहिए।
3. समय पर प्रसन्नतापूर्वक भोजन करने की आदत डालनी चाहिए।
4. लोगों के साथ विनम्र और प्रसन्नतापूर्वक व्यवहार करना चाहिए।

उपरोक्त चार सूत्रों पर अमल और पालन करने वाले व्यक्ति मुश्किल से ही अस्वस्थ रहेंगे। लंबी बीमारी कभी भी उन्हें नहीं सताएगी। वे दीघार्यु भी होंगे, क्योंकि नियम पालन करने से बुद्धिबल, मनोबल और आत्मविश्वास के मिश्रण से उनकी स्मरणशक्ति तीव्र और तर्कसंगत बनी रहती है। वे समय पर ही निर्णय लेने में सक्षम होंगे। सफलता उनकी सहचरी बनकर कंधा से कंधा मिलाकर साथ चलेगी और असफलता उनसे दूर भागेगी।

वास्तव में विद्वानों ने अपने मनोबल को शक्तिशाली रखने और भावनाओं को नियंत्रण में रखने के लिए जो बातें कहीं हैं, उन पर ध्यान जरूर दिया जाना चाहिए, 'कंजूस को दान देना बुरा लगता है, लोगों को मांगने वाला बुरा लगता है, चोरों को प्रकाश बुरा लगता है, मूर्ख को समझाने वाला उपदेशक बुरा लगता है, कर्जदार को वापिस मांगने वाला बुरा लगता है, रूपवान को बुढ़ापा बुरा लगता है, व्यभिचारिणी स्त्री को अपने पति की बात बुरी लगती हैं, गरीब को धनवान बुरे लगते हैं और जिनका मन शोक से पीड़ित है, व्याकुल है, उसे संसार का कोई भी सुख अच्छा नहीं लगता।'

इसलिए मनुष्य को अपने मनोबल की हमेशा चिंता और रक्षा करनी चाहिए।

मनोबल ऊंचा रखें

कोई भी इंसान बचपन से ही काबिल नहीं होता। जिंदगी के अनुभव उसे जिदंगी जीना सिखा देते हैं। कोई भी कार्य शुरू करते समय अगर मजबूत इच्छाशक्ति हो तो सफलता जरूर मिलती है। दरअसल जैसा हम सोचते हैं उसी के मुताबिक हम बन जाते हैं। इंसान को अपना लक्ष्य पाने के लिए न ही अपने रास्ते से भटकना चाहिए और न ही हिम्मत हारकर बीच में छोड़ना चाहिए।

पत्थर चाहे किसी आकार का क्यों न हो, नदी की धारा में वह लगातार लुढ़कता-लुढ़कता एक दिन एकदम गोल हो ही जाता है। इसी प्रकार मनुष्य चाहे कितना भी अनपढ़ और खुरदरा क्यों न हो, संघर्षों के थपेड़ों से घिसते-पिटते एक दिन अवश्य वह अनुभवी और नरम दिल बन सकता है।

अगर मनुष्य लगातार अभ्यास करने में लग जाए तो क्या नहीं हो सकता? अगर हम सच्ची लगन और दृढ़ संकल्प के बलबूते किसी भी कठिन कार्य को शुरू कर देते हैं, तो अपनी इच्छानुसार सफलता मिलनी निश्चित है। हम जो सोचते हैं, उसी के अनुरूप सफलता भी प्राप्त होती है। इसलिए मनुष्य को अपने लक्ष्य में पूरी आस्था के साथ तब तक जुटे रहना चाहिए, जब तक सफलता प्राप्त न हो। अधूरे लक्ष्य को छोड़ना असफलता का मार्ग है। अगर लक्ष्य से न भटके तो एक न एक दिन परिस्थितियां आपके अनुकूल ही बदल जाती हैं।

इसलिए हिम्मत हारकर चुप बैठ जाना कायरता है। अधिकांश लोग

साहस छोड़कर हार मान लेते हैं और लगातार कोशिश करना ही छोड़ देते हैं—ऐसा भूलकर भी नहीं करना चाहिए।

एक खदान मालिक के जीवन में पहली बार एक खदान का ठेका बहुत ऊंची कीमत देकर यह सोचकर लिया कि धरती के गर्भ में उस जगह पर सोने का भंडार छुपा है। लालच के वशीभूत होकर उसने मुंहमांगी नीलामी में अपना सब कुछ दांव पर लगा दिया था।

अधिक जानकारी न होने के कारण लाखों रुपये खर्च कर लगभग एक मील खुदाई की गई किंतु दुर्भाग्य से सोने का पता नहीं चल सका। उसका मनोबल टूट गया। वह हिम्मत हार बैठ गया और घबराकर उसने खुदाई का काम बंद कर दिया। कुछ दिन के बाद भयानक घाटे के कारण उसने यह ठेका ही छोड़ दिया।

एक अन्य दूसरी कंपनी ने बहुत थोड़े पैसे में खदान अपने नाम ले ली और थोड़े मजदूर लगाकर खदान की खुदाई शुरू की। अचानक 25 कदम खुदाई करने पर सोने की परतें उसको दिखाई देने लगीं। कई टन सोना उस खदान से व्यापारी को मिला और वह दो दिन में ही करोड़ों का मालिक बन गया।

पहला व्यापारी सोना निकालने गया, तो खदान में सोना नहीं मिला। उसने घबराकर, साहस छोड़कर काम बंद कर दिया और सिर धुनकर मनोबल खो दिया। वह पागल होकर एक दिन मर गया।

इसलिए मनुष्य को संकट के समय धैर्य और साहस नहीं छोड़ना चाहिए। कहीं आप भी ऐसी मूर्खता न कर बैठें कि जब सफलता केवल कुछ कदम ही दूर हो और आप मैदान छोड़कर व्यापारी की तरह लक्ष्य से पहले ही भाग खड़े हों।....और आपकी सफलता का सेहरा कोई अन्य व्यापारी अपने सिर बांधकर न ले जाए, इसलिए सावधान रहिए।

इसी प्रकार पान फिच नामक एक गरीब मछुआरा था। उसके मन में विचार आया कि यदि वाष्प नौका बन जाए तो कार्य आसान हो सकता है। गति बढ़ेगी, मेहनत कम लगेगी और बहुत आमदनी हो सकेगी। उसने अपनी योजना के अनुसार वाष्प नौका बनानी शुरू कर दी। दूसरे मछुआरे उसकी योजना को बकवास बताते, उसका मजाक उड़ाते, उस पर हंसते

और उसे पागल कहकर भी संबोधित करते। वह सूखी डबलरोटी पर दिन गुजारने लगा।

पान फिच दिन-रात केवल एक ही धुन में लगा था, 'वाष्प-नौका बनाकर सागर की छाती पर दौड़ानी है।'

उसकी भूख-प्यास गायब हो गई। वह पागलों की तरह रहता, उसके शरीर पर कपड़े फटे-पुराने दिखते, आंखें नींद से पथराने लगी थीं। इसके बावजूद वह अपनी नौका में तोड़-फोड़, ठोक-पीट किया करता। सालों के मछली पकड़ने के कार्य को छोड़कर वह कड़ी मेहनत करके नौका को नया रूप देने में जुटा रहा।

और एक दिन वह अपनी वाष्प चालित नौका बनाने में कामयाब हो गया। यह नौका प्रवाह की सीध में 7 किलोमीटर और विपरीत प्रवाह में 5 किलोमीटर प्रतिघंटा की गति से समुद्र पर चली। जब उसका परीक्षण सफल हुआ तो वह पागल पान फिच एक ही रात में क़रोड़पति बन गया। साथियों ने उसे गले लगा लिया। उस पर दौलत बरसने लगे। उस भिखारी कहे जाने वाले मछुआरे के सुनहरे सपने मनोबल के सहारे महकने लगे थे।

वीनस के प्रसिद्ध मनोवैज्ञानिक स्वर्गीय एल्फर्ड ने अपनी पुस्तक 'What life should mean to you' ने अपना मत व्यक्त किया है 'जो मनुष्य अपने साथियों में दिलचस्पी नहीं रखता, दिलचस्पी लेना नहीं चाहता, उसे ही जीवन में बड़ी-बड़ी कठिनाइयां आती हैं, और वही दूसरों के लिए बड़ी से बड़ी हानि का कारण बनता है। उसी के कारण अन्य लोग भी संकट में फंस जाते हैं। ऐसे दुर्भाग्यशाली इंसानों से ही सारी मानवी कमजोरियां और असफलताओं का जन्म होता है।'

इसके विपरीत इसी विचार को अपने अनुभवों के आधार पर ओवन डॉ. यंग कहते हैं, 'जो व्यक्ति दूसरे मनुष्यों की समस्याओं का ध्यान रखता है, उनके साथ सहयोग करता है, उन्हें ईश्वर का साथ मिलता है और भाग्य उनका साथ देता है। जो दूसरों के मन में उत्पन्न क्रियाओं और पीड़ाओं का भी ध्यान रखता है, समझने की कोशिश करता है, उनमें रुचि लेकर सहयोग देता है। उसे यह चिंता करने की जरूरत नहीं कि विधाता

ने उसके भाग्य में लिखा क्या है?'

'इस संसार में जो व्यक्ति दूसरों का साथ देते-देते अपने लिए भी दूसरो के मन में सहानुभूति पैदा करने में सक्षम होते हैं, लोग उन्हीं को सहयोग करते हैं। जो लोग अकेले चलते हुए एकाकी जीवन जीना चाहते हैं, उन्हें पूरी जिंदगी के सफर में अकेले ही भटकना पड़ता है। बड़ाई और चापलूसी में केवल इतना ही अंतर होता है कि बड़ाई सच्ची प्रशंसा होती है जबकि चापलूसी झूठी प्रशंसा होती है। चापलूसी से लोग थोड़े भ्रम में फंसे रहते हैं, इसलिए ऐसे स्वभाव से नुकसान होना संभव है। बड़ाई हृदय से उपजती है, चापलूसी दांतों से उत्पन्न होती है। बड़ाई जितनी निस्वार्थ होती है, चापलूसी उतनी ही निंदनीय एवं स्वार्थ भरी होती है। बड़ाई करने वाले की संसार में सभी स्थानों पर प्रशंसा होती है, किंतु चापलूसी करने वालों की हर जगह निंदा की जाती है।'

मैक्सिको नगर के चेपल टेपक भवन में जनरल ओब्रगोन की मूर्ति पर लिखा है, 'जो शत्रु तुम पर आक्रमण करते हैं, उनसे मत डरो। तुम्हें केवल उन मित्रों से सावधान रहना चाहिए। उन्हीं से डरना चाहिए जो हर समय तुम्हारी चापलूसी करते हैं।'

मनमोहक शानदार वस्त्र धारण करने वाला व्यक्ति सभा को मोहित कर सकता है। अच्छी तेज गति की सवारी करने वालों के लिए ज्यादा दूरी कोई समस्या नहीं होती है। अपनी मीठी बातों से किसी को भी वश में किया जा सकता है। इसलिए कभी किसी को बुद्धिहीन और कमजोर नहीं समझना चाहिए। विरोधी और शत्रुओं से भी प्रेम और मधुरता का व्यवहार करना चाहिए। मौका देखकर काम निकाल लेना चाहिए, नहीं तो पछताना पड़ सकता है।

एक बहुचर्चित विश्वप्रसिद्ध उपन्यासकार हार्यान का नाम केवल एक उपन्यास 'स्कार्लेट लेटर' के प्रकाशित होने के बाद ही श्रेष्ठ लेखकों की श्रेणी में गर्व से लिया जाने लगा था। उपन्यासकार हायार्न बहुत शर्मीले स्वभाव के थे, जो बहुत कोशिश और मेहनत से शैली, भाषा-प्रवाह, चरित्र-निर्माण और सुंदरता का ध्यान रखते हुए शब्दों एवं पंक्तियों को लिखने से पहले एक-एक शब्द पर ध्यान देकर लिखते थे। वे रात-रातभर

मेहनत करके अपनी रचना पूरी करते थे। उन्हें हमेशा डर बना रहता था कि उनका यह उपन्यास अस्वीकृत करके वापस न कर दिया जाए, क्योंकि इसके पहले उनकी दो रचनाएं अस्वीकृत हो चुकी थीं, जिन्हें वे आग में जला चुके थे। वे छोटी-छोटी बातों, रहस्यों और दुर्घटनाओं को वह अपनी डायरी में नोट करते थे और बहुत मेहनत, आत्मविश्वास एवं उत्साह से चुन-चुनकर अपने उपन्यास में रचित स्थलों को मनमोहक रूप से चित्रित करते थे।

'स्कार्लेट लेटर' उपन्यास को उत्कृष्ट रचना प्रचारित कराने के चक्कर में वह प्रायः अपने कार्यालय ही नहीं जाते और अगर जाते तो भी वह कार्यालय के काम रोककर उपन्यास लेखन को प्राथमिकता देते थे। परिणाम यह हुआ कि उनकी नौकरी चली गई। हायार्न की स्थिति बहुत दयनीय हो गई, रोजी-रोटी के लाले पड़ गए। कभी-कभी भोजन में उन्हें केवल उबले आलू पर गुजारा करना पड़ता था। सुबह आलू लाते, उन्हें उबालकर रखते जब भूख लगती तो आलू को नमक के साथ खाकर पेट की भूख मिटाने की कोशिश करते थे। उन्होंने कड़ी मेहनत करके महीनों भूखे-प्यासे रहकर उपन्यास को जैसे अपने खून से सींचा था। एकाग्रचित आत्मविश्वास एवं शक्तिशाली मनोबल और दृढ़ संकल्प से वह अमर उपन्यास की रचना कर पाए। आज उनकी गिनती लेखकों की पहली श्रेणी में की जाती है।

इस तरह कहा जा सकता है कि मनोबल एक ऐसी प्रबल इच्छा शक्ति से उत्पन्न होता है, जिसके प्रकाश में मनुष्यों की आंखें चौंधिया जाती हैं। कम समय में ही वह व्यक्ति अपना स्थान बना लेता है, उसकी पहचान बन जाती है। लगातार कोशिश, जागरूकता और दृढ़ संकल्प से वह पराजय को अपने निकट से गुजरने नहीं देता। सफलता एवं असफलता में इतना सूक्ष्म अंतर होता है कि कभी-कभी मनुष्य को यह अनुभव ही नहीं हो पाता कि उसने दोनों में से इस समय किसका स्पर्श किया है?

मान लीजिए, समुद्र की गहराई में पड़ा एक मोती चुपचाप इस इंतजार में है कि कोई गोताखोर आए और उसे बाहर निकाल ले जाए,

लेकिन अगर उसे निकालने के लिए कोई गोताखोर समुद्र तल तक पहुंचे ही नहीं, तो इसमें मोती का क्या दोष? कहने का मतलब यह है कि आपमें चाहे जितनी योग्यता हो, लेकिन सिर्फ मोती की तरह पड़े रहने से कोई फायदा नहीं। आप जिंदगीभर इंतजार करते रहेंगे, लेकिन आपको कोई नहीं उठाएगा। इसलिए अपनी काबिलियत के प्रचारित करने की जरूरत है।

सुप्रसिद्ध विचारक रिचार्ड सी. टेंस का कहना है, 'सफल बनने के लिए खुद को हमेशा तैयार रखिए। शायद आपकी बारी भी आने ही वाली है इसलिए अपनी कमर अभी से कस अपने रास्ते में ही पड़े रहने के लिए जन्म नहीं लिया है। निर्माताओं को आपकी जरूरत जरूर पड़ेगी।'

रिचर्ड का यह भी कहना है कि जिस प्रकार मकान बनाने के लिए एक-एक ईंट, पत्थर और लोहे के एक-एक टुकड़े की अहमियत होती है, उसी प्रकार इस सृष्टि की बेमिसाल रचना के लिए प्रत्येक मनुष्य की जरूरत होती है। अब वह है कैसा, खुद को कितना पहचानता है, कब और कहां अपने योगदान के लिए खुद प्रस्तुत होगा—इसी सोच-विचार पर ही उसका उपयोग निर्भर करता है। जो मनुष्य जिस योग्य होता है, उसका इस्तेमाल प्रकृति के निर्देशानुसार समय आने पर जरूर होता है। अगर आप इस भवन के चमकदार कंगूरे बनने की इच्छा रखते हैं तो आपका उत्तेजित मनोबल आपकी मन की इच्छाओं को जरूर सफल करेगा। विश्वास कीजिए।

अगर आपको विश्वास हो कि आप अपनी विजय, अपने लक्ष्य के लिए वास्तव में समर्पित हैं तो आप संसार की मनोवांछित वस्तुओं को आसानी से प्राप्त कर सकते हैं। आपको रोकने की क्षमता किसी में नहीं है।

बिना समर्पण आप कुछ भी प्राप्त नहीं कर सकते, इसलिए आपको कुछ भी करना पड़े, आप हर समय तैयार रहें, न जाने किस समय, कहां से, कौन आपको बुलाने आ जाए? आप अगर समय पर चूक गए तो हो सकता है कि समय आपको भविष्य में दूसरा मौका न दें। सावधानीपूर्वक समय का इंतजार कीजिए मगर हर समय तैयार रहना भी बहुत जरूरी है।

हमें योजनाएं बनाते समय यह नहीं भूलना चाहिए कि अमुक कार्य करने के लिए हमारी उम्र इस लायक नहीं रही। अक्सर लोग कहते रहते हैं, 'अब इतनी मेहनत करने की शरीर में ताकत ही नहीं है। सफलता के लिए कड़ी मेहनत की जरूरत है तो इस उम्र में संभव नही है। काश, यह अवसर साल-दो साल पहले आता तो दिखा देते।' जो व्यक्ति मंजिल के रास्ते में साहस छोड़कर थक गया है, रुक गया है, वही हारा हुआ है।

हमेशा खुश रहकर अपने विवेक और इच्छाशक्ति से सफलता की मंजिल की तरफ बढ़ते रहिए, क्योंकि सफलता आपके इंतजार में खड़ी है। शरीर में काम करने लायक ताकत न बचने की बात कहने वालों में मनोबल नहीं होता, जिसे सुधारने की जरूरत है।

मनोवैज्ञानिकों का मत इसके विपरीत है। उनका कहना है, 'सही और विश्वसनीय सफलता प्राप्त करने या लक्ष्य प्राप्त करने की सही उम्र 45 से 50 वर्ष के लगभग या उससे ज्यादा ही होती है। इस उम्र के आते-आते मनुष्य को अनुभवों के बीच में से गुजरना होता है और दुनियादारी की बातें उसे साफ-साफ समझ में आने लगती हैं।'

ज्ञान और अनुभव का भंडार तो मनुष्य के अंदर हमेशा रहता है। जरूरत है सही समय पर जानने की। अगर मनुष्य सही समय पर अपना लक्ष्य भेदता रहे तो उसे सही सफलता जरूर मिलेगी। जीवन के शुरुआती दिनों की अपेक्षा पकी उम्र में जल्दी और कम मेहनत से ही सफलता मिलने की संभावना रहती है।

एक कंपनी के मालिक ने एक विज्ञापन द्वारा अपने यहां रिक्तस्थानों के लिए अनुभवी, चुस्त, योग्य और ईमानदार लोगों से आवेदन मंगवाए, जिन्हें आवास, भोजन और मनोरंजन की सुविधाएं मुफ्त में देने की बात कही गई थी। लगभग 2,000 व्यक्तियों ने नौकरी पाने के लिए आवेदन किया और कंपनी में इंटरव्यू देने की निश्चित तिथि एवं समय पर पहुंच गए।

कंपनी के मालिक खुद भी साक्षात्कार के समय कमरे में उपस्थित थे। उन्होंने सभी लोगों से कहा, 'आप जब चालीस की उम्र पार कर लें तभी आइएगा, मैं आपको नौकरी जरूर दूंगा।'

साक्षात्कार देने वाले व्यक्तियों में से प्रत्येक ने कंपनी के मालिक को सनकी और मूर्ख समझा, परंतु चुप रहे। इसी क्रम में एक के बाद दूसरे प्रतियोगी कंपनी से बाहर आ गए। उनमें से एक युवक साहसी व दबंग था। उसने गंभीर आवाज में कंपनी के मालिक से प्रश्न पूछ ही लिया, 'श्रीमान चालीस साल की उम्र पार करने तक मैं आपके किस काम आ सकूंगा?'

'मालिक बोला, उस समय तक तुम दूसरी कंपनी में रहकर अनुभवों और योग्यताओं के क्षेत्र में परिपक्व ज्ञान हासिल कर विशेषज्ञ बन चुके होगे। उस उम्र में तुम्हारे पास सांसारिक ज्ञान और अनुभवों का भंडार होगा, जिसकी इस कंपनी को आज जरूरत है। इसलिए तुम चालीस के पार होने पर आना, मैं तुम्हें नौकरी दूंगा। मेरी कंपनी के नौसिखिए नवयुवक नहीं बल्कि निपुण एवं दक्ष कारीगरों की जरूरत है।'

कंपनी के मालिक का यह कहना सही था कि आप यदि अपने को अपनी उम्र के कारण बेकार समझने लगे हैं तो यह आपका भ्रम है, आपकी धारणा गलत है। आप हर उम्र में अपना लक्ष्य निर्धारित कर कार्य कर सकते हैं। किसी भी कार्य और कला सीखने की कोई आयु-सीमा नहीं है।

एक व्यक्ति ने एक मोची से प्रश्न किया, 'यह जूता बनाने का काम मैं कितने समय में सीख लूंगा?'

'सारी उम्र भी लगा दो सीखने में, तो भी कम पड़ेगी।' मोची ने उत्तर दिया।

'क्या मतलब?' आश्चर्य से उसने फिर पूछा, 'सारी उम्र?'

हां मित्र सीखने का क्षेत्र बड़ा है। कोई भी व्यक्ति कभी दावा नहीं कर सकता कि अमुक कला में वह पूरी तरह से पारंगत है। कला की कोई सीमा नहीं होती है। जीवनभर आदमी को सीखना पड़ता है। जब तक आप विद्यार्थी बने रहेंगे, आपमें सभी कार्य करने की क्षमता रहेगी। इसके विपरीत जब आप अपने को अध्यापक समझने लगेंगे, तब समझिए आपकी प्रगति रुक जाएगी। इसलिए मनुष्य को जीवनभर कुछ-न-कुछ सीखने की इच्छा रखनी चाहिए। इसी इच्छा के चलते आप जिंदगीभर

लगातार कुछ-न-कुछ सीखते रह सकते हैं। इससे आपका मनोबल भी ऊंचा होगा। वैज्ञानिकों व विचारकों का भी यह कहना है कि 'जिनके मन शांत हैं, जो क्रोध, ईर्ष्या-द्वेष से रहित हैं, जो दूरदृष्टि रखते हैं, जो गुजरे हुए कल पर शोक नहीं करते, जो अपनी आय से कर्म खर्च करते हैं, जो जरूरी खर्चों में कंजूसी एवं कटौती करने में भी रुचि नहीं रखते, जो समय को पहचानते हैं एवं व्यर्थ समय गंवाते नहीं, उसकी कीमत जानते हैं, ऐसे बुद्धिमान लोग कभी भी पराजित नहीं होते और न कभी सहायता की भीख ही मांगते हैं।'

और इस संसार में जो लोग काम शुरू करने और बोलने से पहले अच्छी तरह सोच लेते हैं, अपनी पूरी क्षमता से कर्तव्य का उचित ढंग से समय के अनुरूप पालन करने में हिचकिचाते नहीं और कभी भी परिणाम की न आशा करते हैं, न चिंता करते हैं, वे खुद तो सुखी रहते ही हैं, दूसरों को भी सुख देने वाले होते हैं।'

इसलिए साहस, धैर्य और मनोबल के आगे धन, पदवी और प्रभाव कभी टिक नहीं पाते हैं। इन आकर्षणों को अपना मुंह चुराकर एक दिन जरूर भागना पड़ता है।

आप जब भी कोई, कैसा भी कार्य प्रारंभ करें, अपने दृढ़ संकल्प और शक्तिशाली मनोबल से ही उसमें तब तक जुटे रहें, जब तक वह पूरा न हो जाए।'

मन में हमेशा एक ही भावना, एक ही कामना और एक ही कल्पना बलवती रहनी चाहिए-मैं इस कार्य को करके रहूंगा, मेरी जीत अब सुनिश्चित है।

'यही धुन हर पल आपके मस्तिष्क में नाचती रहे। इस बात की चिंता आप बिल्कुल न करें कि दुनिया क्या कहेगी? संसार तो महापुरुषों का भी मजाक उड़ाता रहा है। कही जहर दिया है, कहीं गोली मारी है, तो कहीं फांसी पर चढ़ाया है, लेकिन इन तमाम हादसों के बावजूद एक दिन ऐसा भी आया कि उन्हीं बलिदानियों की पूरे समाज में, देश ने और राष्ट्र ने पूजा कर उनके कदमों पर अपना सिर भी झुकाया है, इसलिए लोगों की चिंता छोड़िए। सब कुछ सहन करते हुए कड़ी मेहनत के साथ

तब तक जुटे रहें, जब तक सफलता न मिल जाए। जब आपको कामयाबी मिल जाएगी, तब आपकी आलोचना करने वाले भी आपको नमस्कार करेंगे और सम्मानपूर्वक अपने पास बैठाने की कोशिश करेंगे। यह तभी हो सकता है जब आपका इरादा मजबूत और इच्छाशक्ति दृढ़ होगी।

प्रसिद्ध विचारक फिलामन कहते हैं, 'चापलूसों की झूठी तारीफ सुनने के बजाए ऐसे लोगों से घृणा करनी चाहिए। ऐसे लोगों से दूर रहने वालों को सम्मान की नजर से देखना चाहिए। जो व्यक्ति साहस और निष्ठा के साथ अपने कर्म के रास्ते पर चलता है, वही सच्चा इंसान है।'

सुप्रसिद्ध चिंतक कार्लायल कहते हैं, 'महापुरुष की महत्ता का पता तब चलता है जब लोग जान जाएं कि वह छोटे आदमियों के साथ किस तरह व्यवहार करता है।'

लोगों को बुरा कहने की बजाए हमें उनको समझने की कोशिश करनी चाहिए। हमें यह भी जानना जरूरी है कि वे जो कुछ भी करते हैं, वे क्यों और किन परिस्थितियों में करते हैं? यह आचरण आलोचना की अपेक्षा अधिक लाभदायक और गुप्त प्रभाव रखता है। इससे सहानुभूति, सहिष्णुता और दयालुता उत्पन्न होती है। सबको जानना ही दूसरे शब्दों में क्षमा करना है।

इसी संदर्भ में डॉक्टर जॉनसन एक कदम आगे बढ़ाते हुए कहते हैं, 'भगवान भी मनुष्य के कर्मों का विचार उसकी मृत्यु से पहले नहीं करता है।'

एलबर्ट हल्वर्ड के मत के अनुसार, 'जब आप घर से बाहर जाएं, तो अपनी ठोड़ी को अंदर की ओर खींचे, सिर की चोटी को ऊंचा ले जाएं, और फेफड़ों को सांस से पूरी तरह भर लें। धूप को पी लें। जब आपके रास्ते में कभी मित्र मिले, उनका मुस्कराहट के साथ अभिवादन करें। जब भी किसी से हाथ मिलाएं, बहुत उत्साह, उल्लास और गर्मजोशी के साथ मिलाएं। आपके संदर्भ में लोगों में भ्रांति हो जाने पर बिल्कुल भी भयभीत न हों, लेकिन अपने शत्रुओं के विषय में सोचकर एक क्षण भी नष्ट करना मूर्खता है।'

सुप्रसिद्ध विचारक बनसे कहते हैं, 'ईश्वर जानता है कि मैं वह नहीं हूं जो हो सकता हूं, किंतु यथार्थ को मालूम है कि कृत्रिमता की नकाब लगाकर कुछ का कुछ दिखाई देना भी मुझे कभी स्वीकार नहीं है।'

....और जार्ज इलियट ने तो अपने साफ शब्दों में शक्तिशाली मनोबल का रहस्य कुछ इस तरह खोला है, 'अपना काम देखो। अपना निर्णय खुद लेने की आदत डालो। लगातार दिनचर्या बनाकर ही अपने कार्य को पूरा करो। तुम्हारा कायाकल्प हो जाएगा। बिना इस आत्मविश्वास और आचरण के आप बिल्कुल बेकार हैं, आपके जीवन की उपयोगिता ही नहीं है।' और गेटे कहते हैं, 'घर ही मनुष्य का निर्माता है। राजा हो या रंक, जिसे घर में सुख प्राप्त है, वही सुखी है।'

एवरेट मैकनीक कहते हैं, 'बच्चा एक फूल है, जिसे ईश्वर के बगीचे से चुनकर मानवता की जमीन पर बोया गया है। उसे मनुष्य द्वारा पालने पोसने के लिए परिवार में छोड़ दिया गया है। प्रेम और वात्सल्य की खाद मिलने पर वह खूब फूलता-फलता है।'

जब हम किसी भी कारणवश अपने परिवार का पालन-पोषण सही ढंग से नहीं कर पाते, तो हमारे मन को बहुत कष्ट पहुंचता है। खासकर यह स्थिति महिलाओं के लिए ज्यादा कष्टदायक होती है।

एक मां के बच्चे जब अच्छे कपड़े नहीं पहन सकते, अच्छा खाना नहीं खा सकते, तब उसे बहुत कष्ट होता है। गृहस्थी की वस्तुएं जब कम पड़ने लगती हैं, तो उसकी अंतर्रात्मा उसे अंदर की अंदर कचोटती है, मन धिक्कारता है। ऐसा नारकीय जीवन बेकार है, जहां सुख के साधन ही हम नहीं जुटा पाते। यह स्थिति तब और खतरनाक होती है, जब महिला के परिचित अपने-अपने घरों में उन वस्तुओं को आसानी से ले आते हैं। अपनी गलतियों को सही साबित करना मूर्खों का काम है। जो अपनी गलती आसानी से मान लेते हैं। वे अन्य लोगों की तुलना में ऊपर उठ जाते हैं।

आप जो भी करना चाहते हैं, दृढ़ता से मन में सोच लीजिए और फिर अपना रुख बदले बिना लक्ष्य की ओर सीधे बढ़ते चलिए। जो महान और उत्तम कार्य आप करना चाहते हैं, उन्हीं पर ध्यान दीजिए। कुछ समय

बाद आपको पता चलेगा कि आपकी इच्छा को पूरा करने के लिए जिन सुयोगों की आवश्यकता है अज्ञानतः अपने आप ही आपके हाथों में उसी प्रकार खिंचे चले आ रहे हैं। जिस प्रकार प्रवाल-कीट को समुद्र की बहती लहरों से वे तत्व मिलते रहते हैं। जिनकी उसे जरूरत होती है।'

प्राचीन चीनियों की एक मशहूर कहावत है, 'जिस मनुष्य का चेहरा मुस्कराता हुआ नहीं हो, उसे दुकान कभी नहीं खोलनी चाहिए।'

यह अविवादित सत्य है कि मन की पवित्रता ही मनोबल है फ्रेंक ईविंग फ्लेचर ने 'ओपन हीम कॉलिंस एंड कंपनी' के लिए एक विज्ञापन बनाया और उसमें मुस्कराहट के तत्व ज्ञान का रहस्य अपने रोचक शब्दों में इस उपदेश के साथ प्रचारित किया–

'मुस्कराहट भी आत्मिक बल है, मनोबल है।'

मुस्कराहट पर खर्च तो कुछ भी नहीं आता है, परंतु वह पैदा बहुत करती है। इसे पाने वाले मालामाल हो जाते हैं लेकिन देने वाले भी कभी गरीब नहीं होते। यह एक क्षण में पैदा होती है जिसकी याद कभी-कभी तो हमेशा के लिए बनी रहती है। कोई मनुष्य इतना धनी नहीं है कि इसके बिना उसका गुजारा हो सके, और न कोई इतना गरीब है कि जो इसके लाभों से धनी हो जाए। यह घर में सुख उत्पन्न करती है, व्यापार में ख्याति बढ़ाती है, और समर्थन के लिए किया हुआ मित्रों का यह एक सशक्त हस्ताक्षर है। यह थके हुए के लिए आराम है, हतोत्साहित के लिए एक दिन का प्रकाश, ठिठुरे हुए के लिए धूप है और कष्ट के लिए सबसे अच्छा प्रतिकार है। यह खरीदी नहीं जा सकती, मांगी नहीं जा सकती, उधार नहीं ली जा सकती, चुराई नहीं जा सकती, क्योंकि जब तक यह दी न जाए तब तक वह संसार में किसी के कुछ काम की भी नहीं है।

अगर आप किसी मौके पर खरीददारी करने के लिए बाजार गए और दुकानदार ने किसी कारणवश आपका मुस्कराहट के साथ स्वागत नहीं किया तो क्या आप भी मुस्कराना छोड़ देंगे। हरगिज नहीं, हो सकता है आपसे ज्यादा दुकानदार को मुस्कराहट की जरूरत हो, क्योंकि मुस्कराहट की जितनी जरूरत उनको है जो मुस्कराकर दूसरों का स्वागत नहीं कर सकते, उतनी किसी दूसरे को नहीं।

झूठ का पर्दा हटाएं

जो सच है, वह छिप नहीं सकता। सच को छिपाने की कोई तरकीब भी नहीं है। सच के ऊपर झूठ चढ़ सकता है, लेकिन झूठ के ऊपर नहीं चढ़ सकता। किसी की भी फोटो या पेंटिंग के असली चेहरे पर झूठ का पर्दा चढ़ाकर कुरूपता को छिपाकर सुंदर दिखाया जा सकता है, लेकिन हकीकत तो हकीकत ही रहेगी। दार्शनिक ओलिवर क्रामवेल ने अपना चित्र बनाने वाले चित्रकार को हिदायत दी थी कि मेरा चित्र, जैसा मैं हूं, वैसा ही तिल और मुंहासों के साथ बनाना। चित्रकार के कारोबारी जीवन में क्रामवेल जैसा ग्राहक पहली बार टकराया था जो कह रहा था कि उसका चित्र उसकी सारी कुरूपता के साथ हू-बू-हू बनाए। वरना अक्सर यही देखा गया है कि फोटो खिंचवाने के लिए जाते समय लोग सज-संवर कर जाते हैं। कैमरा चलने के आखिरी क्षण तक अपने बाल व चेहरे को ठीक करते रहते हैं। उनकी यह कोशिश रहती है कि चेहरे की कुरूपता फोटो में न दिखे।

एक बार दो गपोड़िए अपने-अपने दादा-परदादाओं के बड़प्पन की शेखियां बघार रहे थे। एक ने कहा कि, 'उसके दादा की एक बहुत बड़ी हवेली थी, उसमें न जाने कितने कमरे थे, दालान तो इतने लंबे थे कि उसमें सारे शहर के लोग बैठकर भोजन कर सकते थे और एक दालान उससे भी बड़ा था। जब एक बार बाढ़ आई थी तो उसी दालान में हमारे दादा ने पूरे शहर के लोगों को सोने के लिए जगह दे दी थी....' इतना कहकर सोचने लगा कि सामने वाला तो लाजवाब हो जाएगा।

परंतु दूसरा भी क्यों पीछे रह जाता। उसने कहा, 'बड़ी-बड़ी हवेलियां और बड़ी हवेलियों में बड़े-बड़े लंबे दालान तो कोई अजीब बात नहीं है मित्र। मेरे परदादा के पास एक बहुत लंबा बांस था। जब उन्हें वर्षा की जरूरत होती तो वह लंबे बांस से आकाश में बादलों को फोड़ देते और बारिश करवा देते थे।'

उसकी बात को झूठ साबित करने के लिए पहले गपोड़िए उसने पूछा, 'उस बांस को तुम्हारे परदादा रखते कहां थे?'

'तुम्हारे दादा के दालान में' पहले ने उत्तर दिया।

खैर, यह तो चुटकुला है किंतु कई बार आपको इसी तरह की हांकते हुए लोग मिल जाएंगे। ऐसे लोग अपने चेहरों पर एक दूसरा मुखौटा लगाते हुए घूमते हैं और अपनी अंतरात्मा को धोखा देकर आत्मसंतोषी होने का नाटक करते हैं।

बहुत लोग यह दावा करते हैं कि वे चेहरा देखते ही आदमी को पहचान लेते हैं। उनकी पारखी आंखों से किसी की भी असलियत छिपाए नहीं छिपती। संसार में ज्यादातर अपने चेहरों पर मुखौटे चिपकाए-चिपकाए ही इस दुनिया से चले जाते हैं।

जब आपका परिचय किसी व्यक्ति से होता है तो शुरू में वह व्यक्ति आपको बहुत दिलचस्प, भला और शरीफ लगता है। उसके कुछ आचरण आपको बरबस आकर्षित कर लेते हैं, आप उसे दिल दे बैठते हैं, उसकी भलाई के तारीफ करते नहीं थकते....परंतु जब आपको उसके अंदर झांकने अथवा उतरने का अवसर मिलता है तो पता चलता है जैसा वह ऊपर से दिख रहा था, वास्तव में वह वैसा था ही नहीं। कभी-कभी यह तथ्य मकान के मालिक और किराएदार के बीच बाद में पता चलता है, तो बहुत ही कष्टप्रद और दुःखद होता है। आपको अपने मकान के लिए किराएदार की जरूरत होती है। आप समाचार-पत्र में विज्ञापन प्रकाशित करते हैं और कई लोग आपके मकान को किराए पर लेने के लिए आपके पास आते हैं। साफ है, आप एक शरीफ, शांतिप्रिय और शिक्षित किराएदार को ही प्राथमिकता देना पसंद करेंगे और आप इसी प्रकार का लगने वाला व्यक्ति को चुन लेते हैं, परंतु बाद में जब

किराएदार की हकीकत आपको पता चलती है, तब आपका दिन का चैन और रातों की नींद उड़ जाती है। मैंने कई मकान मालिक और किराएदार के बीच कोर्ट-कचहरी की फजीहत होते देखा है, जिसका परिणाम अधिकतर तन, मन और धन की बर्बादी के बाद बहुत दुःखद होता है। शायद ही कोई ऐसा किराएदार बिना लड़े-झगड़े मकान छोड़कर जाता हो। यदि ऐसा होता है तो किराएदार की शराफत से ज्यादा मकान मालिक की किस्मत की भूमिका विशेष रहती है। समय बहुत बलवान होता है। समय जितना व्यक्ति को आगे बढ़ाता जाता है, उतना ही अनुभवों का बोझ उस पर डालता जाता है। आयु का आक्रमण व्यक्ति को जहां पराजित करता है वही जीवन के अनुभव उसे मालामाल कर देते हैं।

ज्यादातर हमें अपनी वास्तविकता को छिपाकर डींगें हांककर बहुत संतोष व सुख मिलता है, क्योंकि हम समाज में सम्मानित होते हैं। प्रशंसित होते हैं और अलंकृत हो जाते हैं। परंतु अंत में हमारा भांडा फूट जाता है। इतिहास ऐसे नकली 'महान' लोगों की दास्तानों से भरा पड़ा है।

मिस्टर बेजवुड अपने समय के महान शिल्पी हुए हैं। संयोग से वह मेरे मित्र भी थे। मैं देखता था कि जब तक वह अपनी कृति से पूरी तरह से संतुष्ट नहीं हो जाते थे, तब तक वह उसे बाजार में नहीं भेजते थे। कई बार तो वह बनी-बनाई कलाकृति को सिर्फ इसलिए फेंक देते थे। क्योंकि वह कृति उसके संतोष के स्तर पर उचित नहीं बैठती थी। हालांकि मेरी समझ में उसमें कोई कमी नजर नहीं आती थी। कई कृतियां तो मैं ही उठा लाया था, जिसे उन्होंने बेकार समझकर फेंक दिया था ....वह कहते थे कि वह काम जोशिया बेजवुड के स्तर का नहीं है....इसी गुण के कारण बाजार में उनका नाम बिकता था....उनके प्रशंसकों को पूरा भरोसा था कि जिस कलाकृति में जोशिया बेजवुड का नाम जुड़ा होगा, वह निस्संदेह उच्चकोटि की होगी। अपने जीवन की शाम आने तक बेजवुड ने अपना स्तर कायम रखा और उनके प्रशंसकों की संख्या कम नहीं हुई, बढ़ती ही रही। सब जानते थे, बेजवुड उन कलाकारों में थे, जिन्होंने किसी भी मूल्य पर कृत्रिमता के साथ समझौता नहीं किया।

'चरित्र मनुष्य के अंदर की चीज है जबकि उसका 'व्यक्तित्व'

बाहर दिखाई देता है....' हालैंड के ह्वैट ब्राइट ठीक ही कहते थे। हीरा चाहे जहां भी रहे–मिट्‌टी में या महल में, हीरा ही रहेगा। फिर भी हीरे उचित स्थान पर यदि न रहे, तो यह न तो हीरे के लिए उचित है और न ही हीरे की कद्र करने वाले के लिए ही ठीक है। आपका जीवन भी हीरे की तरह अनमोल है। इसे मिट्‌टी में ज्यादा देर तक पड़े मत रहने दीजिए। मिट्‌टी से निकालकर इसका सही उपयोग कीजिए। पूरा संसार आपके सामने है। अपने अमूल्य हीरे की पूरी-पूरी कीमत वसूल कीजिए। इसी में समझदारी है। समय किसी का इंतजार नहीं करता।

बोस्टन में एक रिवाज प्रचलित था। जब कोई नया व्यक्ति बोस्टन में प्रवेश करता था, उससे पूछा जाता था कि उसके पास कितना ज्ञान है ....फिलाडेल्फिया में व्यक्ति को उसके परिवार के स्तर से जाना जाता था, परंतु न्यूयार्क में नए आने वाले व्यक्ति की हैसियत उसकी संपत्ति से तौली जाती थी, यह रिवाज आज भी किसी सीमा तक प्रचलित है। परंतु किसी का परिचय जानने के लिए क्या यह पैमाना सही है? व्यक्ति का स्तर उसके अपने व्यक्तित्व और आंतरिक चरित्र से आंका जाना चाहिए। यहां तक कि उसकी पढ़ाई-लिखाई को भी उसका स्तर पहचानने के लिए मापा नहीं जाना चाहिए। संसार में अनेक महापुरुष हुए जिनके पास किसी भी विश्वविद्यालय की डिग्री नहीं थी फिर भी वे महान थे। भगवान ईसा मसीह की शिक्षा कहां तक हुई थी? महात्मा कन्फ्यूशियस किस विद्यालय के छात्र थे? भगवान तथागत ने कहां तक शिक्षा ग्रहण की थी? फिर भी वे महान थे। युग प्रवर्तक थे। समाज-सृष्टा थे।

परंतु आजकल दिखावट का जमाना है। चमक-दमक, प्रचार और शेखियां ही आज के जीवन प्रवाह के प्रमुख स्रोत माने जाते हैं। चाहे आप जीरो ही हों, परंतु आपकी साज-सज्जा से लगना चाहिए कि आप हीरो हैं। इसी कारण लगभग सत्तर प्रतिशत लोगों की आर्थिक नौका जीवन के समुद्र में हिचकोले खाती हुई चलती है। प्रत्येक व्यक्ति के पैर उसकी चादर से बाहर दिखाई देते हैं फिर भी कोई शिकायत नहीं, कोई परेशानी नहीं, कोई चिंता नहीं। 'चलता है' कहकर सारी उलझनों को झाड़ देने की मनोवृत्ति से आज का नकली आदमी मजबूर है। फिर भी कहीं न कहीं

वह उसे अनदेखा नहीं कर पाता। जब पानी सिर के ऊपर से बहने लगता है, तब या तो वह डूब जाता है या हाथ-पांव मारकर छटपटाता है और बाहर उबरने की कोशिश करता है।

साउंड ने इस कृत्रिमता को लेकर अपना मत व्यक्त किया है। उन्होंने कहा है कि जो लोग कृत्रिम और दिखावे की वस्तुओं का समर्थन करते हैं, वे वास्तविकता के साथ न्याय नहीं करते, खुद को धोखा देते हैं, आत्मघात करते हैं....

महान विचारक नॉशियान ने इसी कृत्रिमता के बारे में अपने मत अलग तरीके से व्यक्त किए हैं। उन्होंने एक ऐसी मूर्ति की मिसाल प्रस्तुत की है जो अंदर से खोखली होती है, परंतु बाहर से बेमिसाल होती है। उसके रूप और सुंदरता को देखकर कोई सोच भी नहीं सकता कि वह जो बाहर है अंदर बिल्कुल नहीं है। बढ़िया संगरमरमर की एक अद्वितीय सुंदरता की मूर्ति को फ्रांस के एक बड़े बैरन ने बहुत पैसा खर्च करके हासिल किया और उसे अपने ड्राइंगरूम में रखा था। वह आने वाले हर मेहमान को कलाकृति दिखाता और साथ ही उसकी कीमत बताकर शेखी बघारता। एक बार उसके घर में एक संन्यासी आया। उससे भी बैरन ने शेखी बघारी तो वह शांत एवं निर्विकार भाव से बोला, 'कभी इस मूर्ति के अंदर झांकने की कोशिश की है श्रीमान!'

अंदर तो यह खोखली है आचार्यवर?

इसका खोखलापन ही इसकी वास्तविकता है श्रीमान....

मैंने तो इस बहुमूल्य मूर्ति को बहुत मुश्किल से प्राप्त किया है आचार्य?

बिल्कुल इसी प्रकार हमें अपना जीवन प्राप्त होता है और उस पर किसी प्रकार की कृत्रिमता नहीं लादनी चाहिए....जो बात वास्तविकता में है, वह बनावट में नहीं....

सुनते हैं, वह बैरन उस संन्यासी से इतना प्रभावित हुआ कि अपनी सारी संपत्ति मानव-कल्याण के लिए दान में देकर भगवान ईसा मसीह के चरणों में लीन होकर दीन-दुखियों की सेवा में लग गया....

बाहर से साफ-सुथरे और चमकीले-भड़कीले पोशाकों में सजे-धजे

लोगों को अंदर से देखिए तो उनकी वास्तविकता पता चलती है। यदि आपको किसी फैशनपरस्त कृत्रिम सज्जन की वास्तविकता का अनुमान लगाना है तो उसके घर के पीछे वाले हिस्से या प्रसाधान कक्ष अथवा शौचालय (स्नानागार) को देख लीजिए, क्योंकि ड्राइंगरूम को प्रदर्शनी की तरह सजाकर रखने वाले अधिकतर पीछे से उतने ही बेतरतीब और बेपरवाह रहते हैं या ऐसे लोगों के घर पर बिना पहले बताए जा धमकिए और फिर देखिए उनकी असलियत और झेंप।

डॉक्टर हाल ने स्कॉटलैंड के ऐसे व्यक्ति की चर्चा की है जो मंदिर में जाकर भगवान से संसार की सारी संपत्ति मिल जाने की प्रार्थना करता था, किंतु वह धर्मार्थ चंदे के बक्से में चंद सिक्कों को डालने के लिए जेब में ही सिक्कों को घिसता रहता और सोचता रहता....डालूं या न डालूं ....या बिना डाले ही काम चला लूं....उसे सिर्फ धन प्राप्त करने की ही चिंता थी, देने की नहीं।

समर्सन ने एक जगह लिखा है, हमारा मूल्यांकन हमारी वास्तविक स्थिति के अनुरूप होता है। हमारा चरित्र हमारी इच्छा शक्ति के अधिकार में नहीं होता है। व्यक्ति को एक स्थान से दूसरे स्थान तक पहुंचने के लिए कृत्रिमता के सहारे की जरूरत पड़ती है परंतु यह केवल एक सोच है; वास्तविकता नहीं है। क्योंकि एक झूठ, हजार झूठों को जन्म देता है। कृत्रिमता की यात्रा ज्यादा लंबी नहीं होती है। दिखावे की जिंदगी की कलई जल्दी ही निकल जाती है। झूठ को छिपाना या निभाना बहुत कठिन है, इसलिए सूच बोलना ही ठीक है। इसे प्रमाणित करने के लिए बगलें नहीं झांकनी पड़तीं। झूठ, बनावट, दिखावा या कृत्रिमता की चमक तभी तक दिखाई देती है, जब तक वास्तविकता का सूर्य चमक नहीं उठता है।

डैविड लैविंग्सटन का नाम अफ्रीका की खोज के इतिहास में हमेशा यादगार रहेगा, क्योंकि उन्होंने अनेक परेशानियां सहकर अफ्रीका के देशों का दौरा किया था। अपनी इस कष्टप्रद किंतु संतोषप्रद यात्रा के दौरान लैविंग्सटन ने ऐसी जातियों से परिचय प्राप्त किया, जिनका दर्शन बिल्कुल विचित्र और अलग था। वे दर्पण से बिल्कुल अपरिचित थे। जब

उन्हें दर्पण दिखाया तो उन्हें अपने रंग-रूप के संबंध में वास्तविक जानकारी हुई। जब तक हम अपने बारे में सही जानकारी प्राप्त नहीं कर लेते, तब तक संसार में कई प्रकार की गलतफहमियों के शिकार बने रहते हैं। आत्मपरिचय बहुत जरूरी है। खुद को पहचानना जरूरी है। क्योंकि बिना खुद को पहचाने मनुष्य का कल्याण संभव नहीं है। आप कृत्रिमता की कितनी भी ज्यादा चमक-दमक में भ्रमित होकर घूमते रहिए, परंतु एक बात याद रखिए, कभी न कभी तो यह मुलम्मा हटेगा ही। फिर असलियत के दर्शन होंगे। उस समय हमारी सारी कृत्रिमता झड़ जाएगी, और तब हम केवल हम–वास्तविक हम रह जाएंगे। आयु के अंतिम समय हमारी क्या स्थिति होगी–कल्पना कीजिए। सुनते हैं अंतिम समय व्यक्ति सच बोलता है। जीवनभर टेढ़े-मेढ़े रास्तों पर चलते रहने के बाद अंतिम समय वह बिल्कुल सीधा हो जाता है–वास्तविकता की तरह कृत्रिमता से बहुत दूर। प्रवंचना से कोसों दूर।

एक देश में युद्ध के बाद युद्धबंदियों को एक शिविर में रखा गया था। वहां से उन्हें जो भी अपने घर भेजना होता था, उसे शिविर अधिकारी से उसकी जांच-पड़ताल करवानी पड़ती थी। एक सैनिक अपने पत्र को स्याही से लिखता था, परंतु कुछ गोपनीय बातें प्याज के रस से लिख देता था। जांच अधिकारी उसका स्याही से लिखा पत्र देख लेता, जो बिल्कुल आपत्तिजनक नहीं होता था, परंतु जब पत्र उस सैनिक के परिवार-जन अथवा मित्रों को मिलता, तो वे पत्र को आंच पर तपाकर पत्र की गोपनीय बातें पढ़ लेते और इस प्रकार शिविर की अनेक गोपनीय बातें उन्हें पता चल जाती थीं। हमारी भी स्थिति उसी गोपनीय पत्र जैसी है। जो बात हम दुनिया को दिखाना चाहते हैं, उसे हम बिल्कुल सफेद-काले अक्षरों की तरह चमका-चमका कर दिखा देते हैं, किंतु अपनी वास्तविक स्थिति या अपनी कोई कमी या बुराई प्याज के रस की लिखी लिपि की तरह छिपाकर रखते हैं जिसे उस शिविर अधिकारी की तरह कोई पढ़ नहीं पाता है, परंतु हम यह भूल जाते हैं कि जब आंच से तपाकर पढ़ा जाएगा तब तो मालूम हो ही जाएगा....सारा रहस्य खुल जाएगा।

अर्नाल्ड टाइकन क्यूबेक तथा साराटोगा से अपनी वीरता की

कहानियां लिखता रहा ताकि संसार पढ़ सके किंतु वास्तविकता में वह एक विनाश लीला की योजना बना रहा था। परंतु वैस्ट प्वाइंट में उसका रहस्य खुल गया और उसका भयानक षड्यंत्र सभी को मालूम हो गया कि वह अमेरिका को ब्रिटेन के हाथों में किस प्रकार बेचने जा रहा था।

इसी प्रकार एक एरन था। वह देखने में बहुत सीधा और शरीफ था। वह बुखार से पीड़ित होने के बावजूद दुर्गम क्षेत्र की यात्रा करता रहा। और लोगों की प्रशंसा व दया अर्जित करता रहा, परंतु बाद में पता चला कि वह युद्ध का जाल बिछाता घूम रहा था और जिन लोगों को उस क्षेत्र के निवासियों की सेवा के लिए एकत्रित कर रहा था, वे सैनिक थे। आज भी एरन एक अव्वल दर्जे का विश्वासघाती और धोखेबाज समझा जाता था।

न्यायालयों में हर रोज तमाम तरह के मुकदमे प्रस्तुत होते हैं। वादी और प्रतिवादी के वकील अपना-अपना पक्ष प्रस्तुत करते हैं। प्रत्येक वकील को बहस आरंभ करने से पहले अपने मुवक्किल के निर्दोष होने का पूरा विश्वास अपने मन में पैदा करना होता है। इस विश्वास के बिना कोई वकील मुकदमा नहीं लड़ सकता। परंतु इसके बावजूद भी सच्चाई तो कहीं न कहीं, कभी न कभी उजागर हो ही जाती है।

जुर्म की दुनिया में यह सामान्य बात है कि जुर्म करने वाला कहीं न कहीं अपने जुर्म का निशान छोड़ जाता है। चाहे कितनी भी सावधानी से वह जुर्म क्यों न किया गया हो, वही निशान सत्य के रूप में किसी न किसी रूप में उजागर हो जाता है और जुर्म प्रमाणित होकर रहता है।

इसे दूसरी तरह से भी कहा जा सकता है कि मनुष्य के अवगुण अधिक समय तक छिपाए नहीं जा सकते हैं। उसके अवगुण अथवा कलंक जहां उसकी शांति छीन लेते हैं, वहीं उसे मन से कमजोर भी कर देते हैं। उसका मनोबल कमजोर हो जाता है। मनुष्य का प्रत्येक कलंक, दोष या अवगुण उसके मन की शिला पर अंकित हो जाता है, जो उसे जिंदगीभर फांस की तरह परेशान करता रहता है। मनुष्य अपनी वास्तविकता को चाहे सब लोगों से छिपा ले, परंतु अपने आपसे नहीं छिपा सकता है। इसी कारण अच्छे आचरण पर शुरू से ही जोर दिया जाता है। कोमल मन

पर जो शुरू में अंकित कर दिया जाता है वह जीवनभर स्थाई रहता है। चाहे वह अच्छा हो चाहे बुरा, वही उसकी वास्तविकता होती है। वह उसकी मनोवृत्ति बनकर हमेशा उसके साथ रहती है। उसके अतीत के साथ रच-बस जाती है, जो उसे भुलाए नहीं भूलता।

इसलिए हमें अपनी वास्तविकता को छिपाने की कोशिश नहीं करनी चाहिए। इससे जीवन बिल्कुल सरल हो जाएगा। वास्तविकता पर पर्दा डालने की प्रक्रिया काफी आड़ी-तिरछी और कष्टप्रद होती है और जब पर्दाफाश हो जाता है तो झेंप की स्थिति बहुत भयानक होती है, कभी-कभी प्राणलेवा तक हो जाती है। संसार में अनेक आत्महत्याएं सिर्फ इसी कारण होती हैं।

हमें हमेशा इस बात का ख्याल रखना चाहिए कि जिंदगी में कभी भी कोई ऐसा काम न करें, जिस पर पर्दा डालने के लिए जमानेभर की हेराफेरी करनी पड़े और उसी के पर्दाफाश होने के डर से जीवनभर आतंकित रहना पड़े।

जब कोई काम करना है तो उसका आरंभ असत्य या नकलीपन से क्यों किया जाए। बात वह कीजिए जो पूरी हो जाए और भविष्य में शर्मिंदगी न उठानी पड़े।

एक कलाकार अपनी सभी कलाकृतियों में अपने जीवन का पूरा अनुभव और हुनर भर देता है ताकि जब उसे देखा जाए तो कोई उसमें कमी न निकाल दे। उसकी सारी कला में जरा-सा नकलीपन या आडंबर नहीं होता। नकली कलाकृति असली बनकर ज्यादा देर जीवित नहीं रह पाती। कभी न कभी भरे बाजार में उनका भांडा फूट जाता है।

कैलीफोर्निया के सोने के एक सौदागर ने सोने की राख का एक पैकेट वोस्टन के एक स्वर्ण परीक्षक के पास जांच के लिए भेजा। वैसे तो कैलीफोर्निया के व्यापारी को सोने की राख की विश्वसनीयता पर जरा-सा भी संदेह नहीं था, फिर भी उसके खरेपन की प्रामाणिकता पता करने के लिए बोस्टन के विशेषज्ञों के पास भेजा था, क्योंकि सोने की खान की स्थापना के लिए वैज्ञानिक प्रमाण की जरूरत थी। किंतु बोस्टन से सूचना प्राप्त हुई कि वह सोने की राख नहीं, बल्कि लोहे की राख है।

फ्लैडेल्फिया के व्यापारी पर मानो गाज गिर गई, क्योंकि उसके व्यापार का सारा भविष्य सिर्फ इसी बात पर टिका हुआ था....

यही स्थिति हमारी है। हम खुद को सोना ही समझते हैं। हम अपने सभी कार्यों और सोच को सही समझकर संसार में चलते हैं। परंतु क्या कभी हमने 'अपने सोने' की जांच किसी बोस्टनीय विशेषज्ञ से करवाई है? जब बोस्टन का वह विशेषज्ञ (समय) हमें दुख और विपत्तियों की कसौटी पर कसकर परखता है तो हमारी असलियत मालूम होती है कि हममें कितना सोना है और कितना लोहा।

संयुक्त राज्य अमेरिका के दक्षिणी भाग में स्थित टैक्सास के एक रेलवे स्टेशन पर उस क्षेत्र का प्रमुख पहुंचा। उसने अपनी माला के मनके को देकर टिकट लेने की कोशिश की, लेकिन टिकट अधिकारी ने उसे टिकट नहीं दिया, क्योंकि उसे टिकट का मूल्य वास्तविक सिक्कों में चाहिए था....उसके सामने प्रमुख की संपत्ति व हैसियत का कोई मूल्य नहीं था।

प्रसिद्ध आलोचक, लेखक चार्ल्स लैंब से महाकवि वर्ड्सवर्थ ने कहा कि शेक्सपियर को बेकार ही महान नाटककार और कवि समझा जाता है। पाठक व दर्शक बेकार में ही उसके नाटकों के मायाजाल में फंसे हुए हैं। यदि मैं चाहूं तो ऐसे नाटक न जाने कितने लिख सकता हूं।

आप चाहें, तभी न? चार्ल्स लैंब ने मुस्कराते हुए दो टूक उत्तर दिया।

सारी कहानी इसी इच्छा से आरंभ होती है और वहीं पर समाप्त होती है। सामान्य रूप से जब कोई अपना नया काम शुरू करता है तो आस-पास के लोग उसकी संभावित असफलता को सोचकर उसका मजाक उड़ाने लगते हैं। परंतु वास्तव में उनके मजाक के पीछे उनकी अपनी असमर्थता अथवा अकर्मण्यता ज्यादा बलवान रहती है।

एक बार किसी चित्रकार ने एक चित्र बनाकर बीच बाजार में रख दिया और उसके नीचे लिख दिया कि चित्र में जो भी कमी दिखाई दे, उसे कृपया यहां लिख दें। शाम होते-होते उस चित्र पर खूब आलोचनात्मक टिप्पणियां दर्ज कर दी गईं। दूसरे दिन चित्रकार ने उसी आलोच्य चित्र के नीचे लिखा, इन कमियों को दूर करने के उपाय लिखने का कष्ट करें

और शाम हो जाने के बाद एक भी उपाय नहीं लिखा गया। मीनमेख निकालना या नुक्ताचीनी करना आसान है, परंतु जब खुद करने बैठो तो माथे का पसीना एड़ी तक पहुंच जाता है। इसलिए जार्ज बर्नार्ड शॉ कहते थे कि आलोचक वही होता है जो साहित्य सर्जन में सफल नहीं हो पाता....।

एक संपादक के कार्यालय में एक व्यापारी पहुंचा और उसे इधर-उधर घूमते-फिरते देखकर कहा, 'आप तो बहुत आसानी से अपनी दाल-रोटी का जुगाड़ कर लेते हैं। मैं तो पूरे दिन अपने व्यापार में सिर खपाता रहता हूं, तब जाकर दो रोटी की आशा होती है।....आपका क्या, बैठे-बैठे ख्याली घोड़े दौड़ाते रहते हैं।....' संपादक मुस्कराया और बोला, 'सबको दूसरों की स्थिति ऐसी ही दिखती है। जब किसी दूसरे अपरिचित व्यक्ति को देखता हूं तो मैं भी यही सोचता हूं। यानी कोई भी अपनी स्थिति से संतुष्ट नहीं रहता और उसे हमेशा दूसरे की स्थिति अच्छी लगती है।'

दूसरों की स्थिति से हम बिल्कुल इसी प्रकार भ्रमित रहते हैं, जैसे हमें क्षितिज पर धरती से आकाश मिलता हुआ नजर आता है। परंतु जिस प्रकार धरती से वास्तव में आकाश नहीं मिलता, उसी प्रकार हमें दूसरों की वास्तविक स्थिति का सही ज्ञान नहीं होता है।

सबसे बढ़िया तो यह है कि हम जैसे हैं, हमें वैसे ही रहने की आदत डालनी चाहिए। आडंबर करने से कई अवांछित टेढ़े-मेढ़े काम करने पड़ते हैं। जैसा आपका शरीर है, उसे वैसा ही रखिए। कहने का मतलब सिर्फ यह है कि ऊपर से बनाव-शृंगार करके उसे कली नहीं बनाइए। उम्र के कारण यदि आपके बाल सफेद हो जाएं तो उसे कृत्रिम प्रसाधनों की मदद से काले करने की मूर्खता मत कीजिए। यहां तक कि प्लास्टिक सर्जरी के परिणाम अधिक देर कारगर साबित नहीं होते और अंत में आपको बढ़ती उम्र के सामने समर्पण तो करना ही पड़ता है, क्योंकि उसकी बहन मृत्यु आपकी प्रतीक्षा कर रही है, जिसके सामने आपके सभी प्रसाधन तथा प्रयास पराजित हो जाएंगे।

ओजस्वी नेता अलेक्जेंडर एच. स्टीफेंस बहुत कुशाग्रबुद्धि के धनी

व्यक्ति थे। संयुक्त राज्य अमेरिका के सारे मंत्रिमंडल का संचालन उनकी योजनाओं के अनुसार ही चलता था। उन्होंने अपनी कूटनीति की कुशलता के कारण अपने देश में विदेशी राजनीति सफलतापूर्वक संचालित की थी। उनके संबंध में राष्ट्रपति अब्राहम लिंकन ने भी बहुत सुना था, परंतु उन्हें देखा नहीं था, इसलिए उत्सुकतावश लिंकन ने स्टीफेंस को बुलवाया। वह स्टीफेंस के छोटे कद और साधारण व्यक्तित्व को देखकर चकित रह गए। स्टीफेंस का बौनापन उनके लंबे कोट के कारण कुछ ज्यादा ही बढ़ गया था। बिल्कुल एक कार्टून की तरह स्टीफेंस राष्ट्रपति लिंकन के सामने खड़े थे, जबकि उसकी कुशाग्रता एवं तीखी कूटनीति की शोहरत से बनाई हुई छवि सामने खड़े साधारण व्यक्ति से बिल्कुल अलग थी। अलग ही नहीं, विपरीत ही थी। मुस्कराते हुए राष्ट्रपति ने कहा, 'छोटी फली में मटर का बड़ा दाना आज मैंने पहली बार देखा है....शुक्र है, भगवान का....'

आबनूसी (मूल रूप से काला) फर्नीचर और काली पालिश वाले फर्नीचर में वही असली-नकली का अंतर होता है। आबनूसी लकड़ी का रंग कभी नहीं छूटता, जबकि काली पालिश समय की मार खाकर लकड़ी का साथ छोड़ जाती है। प्रवंचना कब तक चलेगी? यह एक अटल तथ्य है, हमें इस यथार्थ को समझना चाहिए।

ऊपरी चमक-दमक-भरी कृत्रिमता के भ्रम जाल से बाहर निकालकर तो देखिए। वास्तविकता का सूर्य अपनी रसभरी किरणों के साथ आपका स्वागत कर रहा है। वहां न प्रवंचना है न उसकी अर्चना।

अच्छे भविष्य के लिए वर्तमान संभालें

हर किसी को सुख की चाहत होती है। सुख पाने के लिए हर आदमी लालायित है और इसे पाने के लिए कोशिश भी करता रहता है। बहुत कोशिशों के बाद भी जब सुख नहीं मिलता, तो आदमी परेशान हो जाता है। तब वह इसे ईश्वर की इच्छा मानकर अपने मन को दिलासा देने की कोशिश करता है, लेकिन कर्म करना भूल जाता है। उस समय उसे यह याद नहीं रहता कि भाग्य कर्म से बनता-बिगड़ता है।

जब व्यक्ति का मनोबल टूट जाता है, किसी कार्य में मन नहीं लगता, थकान शरीर को तोड़ती है तो वह परेशान होकर खुद प्रश्न कर बैठता है?

यह सुख है क्या बला, जो पास आने से कतराती है?

दु:खी रहने का वास्तविक कारण क्या है?

अगर वह गंभीरता से सोचने लग जाता है तो अंत:करण से एक आवाज उसे रास्ता दिखाती है, 'दु:ख-सुख तो तुम्हारे अपने हाथों में हैं।'

याद रखिए आपके कार्यों से आपको सुख या दु:ख मिलता है। यह बिल्कुल भी नहीं सोचना चाहिए कि किस्मत में जो होगा, वही मिलेगा। जब कर्म से ही भाग्य बनता बिगड़ता है तो फिर चिंता किस बात की। अच्छे कर्म करेंगे तो सुख मिलेगा। बुरे कर्म करेंगे तो दु:ख मिलेगा। यह जीवन का परखा हुआ शाश्वत सत्य एवं सिद्धांत है कि 'जैसा आप करेंगे, वैसा ही फल आपको मिलेगा।'

जहां इब्नेबतूता ने बताया है कि, 'मन की भावनाओं की हालत का

ही नाम सुख और दुःख है' वही शेक्सपियर मनुष्य से प्रश्नसूचक शब्दों में परिभाषित करते हैं, 'दुख क्या? सुख क्या? सभी कुछ तो तुम्हारे अपने हाथों में है।'

एक हताश व्यक्ति एक पत्थर पर उदास बैठा हुआ था। वह विचारों में इतना डूबा हुआ था कि उसे अपने आसपास के वातावरण के बारे में भी पता नहीं था। उसकी आंखों से आसुंओं की धार लगातार बही जा रही थी। तभी एक दार्शनिक ने वहां पहुंचकर उससे पूछा–

'क्या बात है, भाई?'

'मैं बेहद परेशानी में हूं।' उसने आसुंओं को पोंछते हुए उत्तर दिया।'

'क्या मैं जान सकता हूं, आपकी परेशानी क्या है?' दार्शनिक ने पूछा।'

'मैं अपने मकान का किराया नहीं जुटा पाया। अगर आज शाम तक किराए की व्यवस्था नहीं हुई तो मकान मालिक मेरे सामान को कमरे से बाहर फेंककर ताला लगा देगा। वह तो गुंडा भी है।' कांपती आवाज में उसने यह बात बताई। थोड़ी देर बाद एक ऊंची सांसभर वह आगे बोला, 'मेरे दुर्भाग्य है कि मेरे साथी, मित्र एवं रिश्तेदार कोई भी इस संकट के समय में सहयोग नहीं देना चाहते। मेरे पास कोई ऐसी वस्तु भी नहीं है, जिसे गिरवी रखकर या बेचकर मैं किराए की रकम चुका सकूं। आंखों के आगे अंधकार के बादल मंडरा रहे हैं।' तभी एक आंसू भी टपककर जमीन पर अचानक आ गिरा।

'तुम्हारा व्यवसाय क्या है?' दार्शनिक पूछ बैठा।

'मैं एक कंपनी में कार्य करता हूं, कंपनी के मालिक एक सप्ताह के लिए शहर से बाहर चले गए हैं। मैनेजर अड़ियल है। कहता है, काम पूरा करो तभी पैसे दिए जा सकते हैं। काम पूरा नहीं हुआ है, इसलिए वह पैसे नहीं देना चाहता है। मैं आज काम पर ही नहीं गया। यदि मालिक होता तो पैसा जरूर मिल जाता। यह दयालु भी है।'

'आखिर तुमने काम पूरा नहीं किया?' दार्शनिक ने पूछा।

'कुछ मानसिक परेशानी थी, इसलिए मन नहीं लगा।' वह बोला।

'अगर तुम मनोबल न गंवाते तो काम पूरा करके ही हटते। काम

यदि पूरा किया होता तो क्या यह समय देखना पड़ता? तब क्या यह समस्या तुम्हें इस पत्थर पर बैठने के लिए मजबूर करती?' दार्शनिक बोला।

वह निरूत्तर चुपचाप खड़ा रहा जैसे कुछ कहने की हिम्मत ही नहीं कर पा रहा था।

दार्शनिक ने फिर उसे समझाया, 'तुम्हें अपने किए का फल मिल गया। यही कारण है, तुम एक गुंडे के डर से घर में घुसना नहीं चाहते हो। लेकिन सोचो बिल्ली के आगे चूहा अगर अपनी आंखें बंदकर बैठ जाए तो क्या उसके पैने दांतों के आघात से अपनी मृत्यु को रोक सकता है?'

वह चुपचाप रह गया।

प्रबुद्ध दार्शनिक का कहना बिल्कुल सही है, क्योंकि जब भी कोई परेशानी हमारे निकट आती है, हमें विचलित करती है, वह हमारे सुख को चुरा लेती है अर्थात् उसका जन्म हमारे कर्मों से ही होता है, चाहे हम दोष दूसरों के सिर पर ही क्यों न थोप दें। ऐसी स्थिति में जानते-बूझते भी दूसरों पर दोषारोपण करना अनुचित है। यदि हम ईमानदारी से अपने विवेक के द्वार खोलकर अपनी परेशानी के कारणों पर विचार करेंगे, तो अपना दोष खुद ही नजर आने लगेगा। अन्य कोई दूसरा व्यक्ति उन तमाम परेशानियों के लिए बिल्कुल भी जिम्मेदार नहीं होता। तब हमें स्पष्ट आभास होता जाता है कि अपनी अमुक असावधानी और गलत निश्चय-निर्णय के कारण ही परेशानियों का आगमन हुआ है। यदि वह दोष हमने खुद ही पैदा किया होता तो निश्चित ही हमें दुःख उठाना ही नहीं पड़ता, क्योंकि दुःख तो अपने ही कर्मों के फल के अनुरूप प्रत्येक मनुष्य को भोगना पड़ता है।

संसार में ऐसा कौन व्यक्ति है, जो सुख प्राप्त करने की इच्छा नहीं रखता। सभी लोग सुख की इच्छा करते हैं।

आखिर सुख कभी आसानी से तो नहीं मिलता। सुख को पाना क्या इतना आसान है? सुख पाने के लिए साधना की जरूरत है। नियमों के आधीन अपने कार्य पूरे करने होते हैं। अगर यह सब निश्चित योजनानुसार

सही ढंग से नहीं किए जाएं, तो सुख प्राप्त करना असंभव है। वह व्यक्ति इतना निराश और परेशान ही क्यों होता, यदि वह पूरा कार्य समय पर करने का आदी रहता। मालिक की अनुपस्थिति में भी उसे समय पर धन मिल जाता और उसे निराशा का सामना ही नहीं करना पड़ता।

इब्नेबतूता का कहना है कि 'मन की भावना का नाम ही सुख है।'

जैसी भावनाएं होंगी, उसी के अनुरूप व्यक्ति को फल मिलेगा। सुख मनुष्य को शक्ति देता है, शांति देता है। सुखी मनुष्य सुख की नींद सोता है, जो स्वास्थ्य को स्वच्छ और निरोगी रखता है।

आखिर सुख है क्या? सुख कैसे प्राप्त होता है? सुख मिलने के उपाय क्या हैं?

सुख के लिए ही संसार का हर व्यक्ति इस भौतिक युग की भागदौड़ में परेशान है। जब मनुष्य की इच्छाएं पूरी नहीं होती हैं, तो मनुष्य दुःख का अनुभव करता है।

संसार में स्पष्ट सिद्धांत है कि कोई भी चल-अचल वस्तु हो, जीवित या मृत प्राणी हो, सबमें ही कोई न कोई अवगुण या दोष जरूर होते हैं, जिनके फलस्वरूप उसकी हालत शोचनीय बन जाती है। सभी कुछ ऐसे स्थान पर उपलब्ध नहीं किया जा सकता, इसलिए ऐसी हालत में अभावग्रस्त मन में कोई न कोई कमी आने पर उसका मन पीड़ा से भर जाता है।

यही कारण है कि मनुष्य कुछ भी पाकर सुखी नहीं होता। यदि एक बार उसे स्वर्ग भी मिल जाए तो कुछ समय के बाद वह उसे भी तुच्छ समझकर नकार देगा, यही मनुष्य का स्वभाव है। कुछ समय के बाद उसे स्वर्ग में भी कमी दिखाई देने लगेगी और वह स्वर्ग का राज प्राप्त करने के बाद भी दुःखी रह जाएगा।

कहते हैं, संतोष का जन्मदाता है, इसलिए संतोष का मनुष्य के जीवन में महत्वपूर्ण स्थान है।

जब तक हम संतोष करना नहीं सीखेंगे, सुख अनुभव ही नहीं कर सकेंगे। इसलिए मनुष्य यदि सुख पाना चाहता है तो उसे संतोष की भावना जागृत करनी होगी। जब तक ऐसी भावना जागृत नहीं होती,

व्यक्ति सुख प्राप्त कर ही नहीं सकता। इस प्रकार कहा जा सकता है कि 'अगर हम सुख चाहते हैं तो मन में संतोष का उदय होना जरूरी है। जब संतोष उत्पन्न हो जाएगा तो खुद ही सुख का अनुभव होना स्वाभाविक है। कहीं और भटकने की जरूरत नहीं पड़ेगी।'

माइकेल ब्राउन सच कहता है, कि, जो भी आपके पास है उसी पर संतोष करें। उसी में सुख का अनुभव करना बुद्धिमानी है। दूसरों के सुखी जीवन को देखकर कभी भी दुःखी मन में ईर्ष्या करना अनुचित है। इसलिए आराम से अपनी चुपड़ी खाकर सो जाना ही अच्छा है।'

जो व्यक्ति सुख की नींद सोता है उसका स्वास्थ्य अच्छा रहेगा, आयु का आक्रमण उसे सताता भी नहीं है, क्योंकि वह वास्तविक उम्र से कम दिखता है और ऐसा व्यक्ति दीर्घायु भी होता है। उसका व्यक्तित्व आकर्षक रहता है और उसका चेहरा प्रसन्न दिखता है।

असंतुष्ट व्यक्ति चिंतित सोता है। अस्वस्थ रहता है। स्वभाव से चिड़चिड़ा रहने के कारण वह अनावश्यक वहम कर सभी पर दोषारोपण करता है। परेशानी से वह हमेशा निराश ही नजर आता है और हमेशा रोगी बन जाता है।

जो व्यक्ति वर्तमान पर संतोष करता है और भविष्य के लिए लगातार सजगतापूर्ण तरीके से कोशिश करते समय शरीर के दुःखों की परवाह नहीं करता उन्हें भुला देता है, उसे ही सुख का अनुभव होता है। और उसका जीवन सुख से महक उठता है।

जब आप प्राप्त वस्तुओं में सुख लेना आरंभ करते हैं, तब संतोष की भावना और धैर्य की अनुभूति में मन में उत्पन्न होती है। जो भी आपके पास हैं, ईश्वर ने बहुत कुछ आपको दिया है। ऐसी इच्छा का जन्म जब मन में होता है, तभी आप प्रसन्नचित मुद्रा में सुखमय संसार का आनंद भोग सकते हैं। ऐसी स्थिति में ही आपका मनोबल ऊंचा होगा और प्रगति के रास्ते पर आपके कदम लगातार बढ़ते चले जाएंगे।

इसके विपरीत आचरण करने पर आप निश्चित ही दुःखी होंगे। यदि आप रोते, झींकते, चिड़चिड़ाते हैं, तो समझिए सुख खुद ही आपसे दूर भाग जाएगा। सुख की इच्छा में अगर आपने जरा भी असावधानी रखी,

तो आपका वर्तमान भी खत्म हो सकता है। परेशानी आते ही मनुष्य घबरा उठता है। उस दुःख का अनुभव होते ही उसकी नींद गायब हो जाती है और वह अपना सुख-चैन खो बैठता है। इन तमाम हालातों में मनुष्य को न तो घबराना चाहिए और न ही बिल्कुल परेशान होने की जरूरत है। हर हालत में धैर्य और शांति से कठिनाई का मुकाबला करने में ही भलाई है।

इन हालातों में यह सोचना चाहिए कि समय परिवर्तनशील है। सभी दिन एक जैसे नहीं होते। इसलिए वह बदलेगा ही। हर समस्या का समाधान है। परिस्थितियां हमेशा एक जैसी नहीं रहतीं।

आप पर अचानक जो संकट आ गया है, उसका भी समाधान संभव है। बेकार की चिंता में अपना विवेक दांव पर लगा देना बुद्धिमानी नहीं है, क्योंकि होगा वही जो होना निश्चित है। इसलिए ऐसी अड़चन में खुद को फंसाकर परेशान होने से कोई लाभ होने वाला नहीं है। आपको शांति से प्रत्येक समस्या के समाधान के लिए अनुकूल वातावरण पर विचार करके उसका मुकाबला करना चाहिए।

वास्तविकता यह है कि हममें से अधिकांश लोग सुख को अपनी चिंताओं और परेशानियों के कारण ही खो देते हैं। अक्सर परेशानियां किसी सिर-पैर के बिना ही सामने आती हैं, जिन्हें हम गंभीरता से खुद ही हल करने में सक्षम होते हैं। भयभीत होकर अगर हम कार्य से विमुख हो गए तो हम रुक जाएंगे और ऐसी स्थिति में असफलता का मुंह देखना पड़ सकता है।

याद रखिए, छटपटाने, चीखने-चिल्लाने, चिंता करने से परेशानियां बढ़ती जाती हैं, दूर कभी नहीं हो सकतीं। सिर्फ उनका हल निकालने से ही काम चल सकेगा।

धैर्य, शांति, संतोष के साथ हल निकालने की कोशिश कीजिए, समाधान जरूर मिलेगा।

यदि आपका हाथ पत्थर के नीचे दब गया है, तो सावधानी से धीरे-धीरे खींचने की कोशिश कीजिए। यदि घबराहट से एकदम हाथ निकालेंगे तो सम्भव है कि वह घायल हो जाए, कट भी जाए। यदि धीरे से सावधानीपूर्वक कोशिश की जाए, तो हाथ आसानी से बाहर निकल

सकता है। यही बातें आपकी सारी परेशानियों के बारे में लागू होती हैं।

इसलिए यदि आप सुख चाहते हैं, तो आपको संतोष का सहारा लेना बहुत जरूरी है।

कितनी भी परेशानी क्यों न हो, आप आराम मुद्रा में खुद को भुलाने की कोशिश कीजिए और सो जाइए। इससे चित्त शांत होगा और स्वास्थ्य भी ठीक होगा।

क्या आपने कभी सोचा है, दु:ख उत्पन्न क्यों होता है?

आपके असंतोष के कारण।

दु:ख का जन्मदाता ही असंतोष है। जब भी हमें किसी बात पर असंतोष होता है तो वह अचानक दु:ख के रूप में प्रकट होता है। संतोष न होने पर दु:ख खुद ही अपना रूप दिखाने लगता है।

यदि आप वास्तव में सुख चाहते हैं, तो संतोषी जीव बनकर रहिए। जैसा है, जो कुछ है, उसी में संतोष कीजिए। अपना मन प्रसन्न रखिए और अधिक प्राप्त पाने के लिए जागरूक रहकर कार्य करते रहिए।

मन को कभी सुलगने का अवसर नहीं दीजिए, नहीं तो मन का सुलगना ही दु:ख का कारण बन जाएगा। संकट कितना ही क्यों न आए। हंसना, मुस्कराना और पूरी नींद सोना कभी नहीं छोड़िए।

संसार में बहुत सारे ऐसे लोग हैं, जो परेशानियों में भटकते हैं, घबराकर बैठ जाते हैं, और सोचते हैं अब क्या होगा? कैसे होगा? दु:ख चारों दिशाओं से उन्हें घेरकर तरक्की का रास्ता रोक देता है। वे खाना-पीना, हंसना, बोलना सभी कुछ भूल जाते हैं। भय के कारण उनका चेहरा पीला पड़ जाता है, जैसे उनके शरीर में खून बचा ही न हो। न करवटें बदलते हैं, परंतु नींद नहीं आती है। वे अपना ही नहीं बल्कि अपने परिवार का सुख-चैन भी खत्म कर देते हैं।

सोचिए, क्या आपके दु:खी रहने, शोक मनाने से जो हो चुका है या खो गया है, वह सुधर जाएगा?

अगर ऐसा संभव नहीं है तो चिंता में मत डूबिए। हंसना, मुस्कराना खाना-पीना और नींद को तिलाजंलि देना कहां की बुद्धिमानी है?

आपका जो नुकसान हुआ, क्या वह काफी नहीं? दूसरी ओर जब

आप चिंता करते हैं, तो आप दुहरे नुकसान के लिए बीज बोते हैं। दुःख का अनुभव करते समय मनुष्य समझ जाता है कि दुःख कितना दुःखदायी है? उसे सहने में कितनी पीड़ा झेलनी पड़ती है? इसलिए उचित यही है कि दुःख का अनुभव मन को न होने दें। दुःख किस बात का....? सुख की कल्पना कीजिए।

जब आप अभाव का अनुभव नहीं करेंगे, संतोष और धैर्य के साथ अपने कदम आगे बढ़ाइए तो दुःख होगा ही कैसे? किराएदार होकर मकान न होने के दुःख से दुःखी होना क्या मूर्खता से कम नहीं है? खुद संतोष रखें, मनोबल से कदम बढ़ाते रहें और ऐसी कोशिश करते रहें कि आपका मकान बन जाए। तभी मजा है, सुख है।

दुःख व्यर्थ में ही होते हैं।

दुःख का अपना कोई अर्थ नहीं है, इसलिए खुद को हमेशा ही सुखी अनुभव कीजिए। इसी में आपकी भलाई छुपी है, जो कल्याणकारी है।

क्योंकि सुख–दुःख आपके मन की स्थिति पर निर्भर करता है, इसलिए आप जैसी अपने मन की स्थिति बनाएंगे, आपको वैसा ही अनुभव होने लगता।

एक बात जरूर ध्यान में रखनी चाहिए कि जो बात आपके दुःख का कारण बनी है, कहीं ऐसा तो नहीं वही किसी अन्य व्यक्ति को सुख दे रही हो। जो आपके लिए सुख है, वह दूसरों के लिए दुःख का कारण भी तो बन सकती है। इसलिए अपने मन की चंचल भावनाओं पर लगाम लगाइए, उन पर अधिकार रखकर चलाइए। ऐसी स्थिति में आपको कभी भी दुःख का अनुभव नहीं होगा। भावनाओं को प्रदूषण से बचाइए। खुद पर नियंत्रण रखिए।

एक व्यक्ति रेल से सफर कर रहा था। ट्रेन बहुत तेज गति से दौड़ी चली आ रही थी। उसके चेहरे पर सोने के फ्रेम वाला कीमती चश्मा चमक रहा था। ट्रेन अचानक नदी के पुल से गुजरती हुई आगे बढ़ी तभी वह आसपास के हरियाली भरे खेतों को देखकर वह गद्गद हो गई और बाहर के दृश्य देखने के लिए खिड़की से बाहर झांकने लगा। अचानक

उसका चश्मा हवा के झोंके से छिटका और पुल से टकराकर नीचे नदी में जा गिरा। वह चकित होकर देखता रह गया।

कुछ सहयोगी यात्री चीखे, 'जंजीर खींच डालो।'

वह थोड़ी देर शांत बैठा सोचता रहा। उसकी चेतना जाग गई और वह बोला, 'क्या होगा चश्मा तो नदी में जा गिरा है?'

वह युवक चुपचाप अपने स्थान पर बैठा रहा। ट्रेन चलती रही। किसी के कहने से उसने रेल रोकने की कोशिश नहीं की। यदि वह यात्रियों की सलाह मान लेता, रेल रुक भी जाती किंतु क्या उसका चश्मा जो नदी में डूब चुका था, मिलने की उम्मीद थी। इसलिए उसने दुःख को पी लिया। क्योंकि ऐसी घटना पर दुःखी होने से उसे चश्मा तो मिलने वाला नहीं था। यदि वह इस घटना पर दुखी होता, तो अपना और नुकसान करता। इसलिए हम अच्छी तरह जांच सकते हैं कि हम दुःखी होकर अपना फायदा नहीं बल्कि नुकसान ही करते हैं। दुःख करने से दुःख की मात्रा और बढ़ती है। इसलिए दुःख को अपने मन में पैर जमाने का मौका नहीं दीजिए।

दुःख क्या है? दुःख किस चिड़िया का नाम है? यह भूल जाइए। हर परिस्थिति और हर दशा में खुद को सुख का अनुभव कराएं, प्रसन्नचित्त रहें और लगातार कार्यों में ऐसे जुटे रहें, कि दुःख का अनुभव करने का मौका ही नहीं मिले।

सुख की अनुभूति मनोबल बढ़ाती है, इसी में लाभ है, बुद्धिमानी है। जो लोग इसे अपने निकट संभालकर रखते हैं, ऐसे ही लोग जीवन में प्रगति करते हुए सफल होते हैं। हर समय बात-बात पर दुःखड़ा रोने वाले लोग जीवनभर रोते-रोते समय खराब करते रहते हैं और कदम-कदम पर निराशा और असफलता को देखते हैं। जीवन का रोना न रोकर केवल मुस्कराइए। जो लोग दुःख में मुस्कराते हैं, उनका दुःख भाग जाता है।

एक व्यक्ति ने अरस्तू से प्रश्न किया, 'मैं बहुत दुःखी हूं। मेरे दुःख दूर करने के क्या उपाय हो सकते हैं?'

'आप मुस्कराइए, दुःख फौरन भाग जाएगा।' अरस्तू बोले।

व्यक्ति मुस्कराया, जिससे उसका मन खुश हुआ। इस प्रकार दुःख

में मुस्कराना ही सबसे ज्यादा फायदेमंद है।

यदि आपका मनोबल ऊंचा है, तो आप हमेशा सुख प्राप्त कर सकते हैं। यह सुख आपके हाथ का खिलौना है।

मनोबल की महत्ता को समझना बहुत जरूरी है। आज मनुष्य ने विज्ञान के युग में काफी विकास किया है। उनकी बुद्धि, चिंतन और कार्यप्रणाली में बहुत अधिक प्रगति हुई है और वह अच्छा-बुरा समझने में भी सक्षम है, क्योंकि इस विषय में उसे खुद पता है।

लेकिन मनोबल संतोष का ही संबल है। जीवन में ईर्ष्या नहीं, प्रतिस्पर्धा से काम लें। क्योंकि किसी से ईर्ष्या करना, स्वार्थ के लिए किसी के पीछे हाथ धोकर पड़ जाना हानिकारक है, इससे दूर रहें।

शरीर और मन को आराम दें, क्योंकि कड़ी मेहनत के बाद शरीर की थकान मिटाने के लिए शरीर को आराम देना भी जरूरी है।

यदि हम बिना आराम के मेहनत करते रहेंगे, तो स्वास्थ्य खराब हो जाएगा। यदि स्वास्थ्य खराब हो गया तो आप बीमार हो जाएंगे और आपका कार्य रुक जाएगा।

संसार में ऐसे लोगों की संख्या भी बहुत है, जो थोड़ा-थोड़ा कार्य करने में रुचि नहीं लेते। उनका स्वभाव होता है कि वे कार्य आरंभ ही तब करते हैं, जब वह सिर पर आकर खड़ा हो जाता है। तब वे कार्य में ऐसे जुटते हैं कि रात-दिन होश-हवास खोकर, भूखे-प्यासे रहकर अपने स्वास्थ्य की परवाह किए बिना मेहनत करते रहते हैं। ऐसा करना पूरी तरह गलत और हानिकारक है। अपना कार्य नियमित रूप से थोड़ा-थोड़ा करके निबटा लेना चाहिए। एक साथ हड़बड़ाहट से काम करने के साथ-साथ हम अपने स्वास्थ्य के साथ भी खिलवाड़ करते हैं। स्वास्थ्य बिगड़ने पर हमारे नित्यप्रति के अन्य जरूरी कार्य रुक जाते हैं। जिससे मनोबल गिरता है।

जो कुछ प्राप्त हो गया, उसी पर संतोष करना भी बहुत प्रेरणादायी बात है। मन का संतोष मनोबल को बढ़ाता भी है। कोई व्यक्ति दुर्भावनावश यदि धोखा दे गया, स्वार्थवश चोरी कर गया तो हाय-हाय करने से भी क्या लाभ होगा? संतोष रखकर कीजिए जिससे ऐसे दुष्ट

दोबारा आपके रास्ते में अपनी कुचेष्टा में सफल न हो पाएं।

छटपटाने घबराने से कोई कार्य संपन्न नहीं हो सकता। संतोष स्वास्थ्य के लिए गुणकारी है। संतोष मनुष्य के महान शत्रु चिंता को भी जड़मूल से नष्ट करने में सक्षम होता है। संतोष संकट आने से रोकता है, मनुष्य की रक्षा करता है। यदि व्यक्ति संतोष को त्याग देगा, तो चिंता उसे जलाकर नष्ट कर देगी।

विश्वप्रसिद्ध अरस्तू ने ठीक कहा है, 'तुम उस समय अपने पैरों में खुद कुल्हाड़ी मारते हो, जब अपना समय बर्बाद करते हो। ध्यान रखो, बीते समय के लिए आपको एक दिन जरूर पछताना पड़ेगा। लेकिन जो बीत गया, क्या वह पश्चाताप करने से फिर वापस लौटकर आएगा? नहीं। इसलिए अभी भी समय है, सावधान होकर अपने कार्य में जुटे रहिए, समय आपकी राह नहीं देखेगा। आज का काम आज निपटाइए, कल की प्रतीक्षा नहीं कीजिए।

विचारक एडगर एलन पी. का कहना है कि 'जो चला गया, उसे भूल जाओ। काम करो। अभी भी समय है। समय को व्यर्थ में खोना अपने जीवन से खिलवाड़ करना है।'

जीवन की सफलता के लिए मनोबल एक अनिवार्य आवश्यकता है। काम, क्रोध, मद और लोभ मनुष्य के चार बड़े शत्रु हैं, जो चुपचाप अपना जाल बिछाकर उसे अपने विकराल पंजों में अचानक जकड़ लेते हैं। बलवान शत्रु का सामना प्रत्यक्ष रूप से किया जा सकता है, किंतु अदृश्य शत्रु आपके असावधानी के समय अचानक वार करने से कभी भी नहीं चूकेंगे। यही चारों शत्रु आपके स्वास्थ्य को भी बहुत हानि पहुंचाते हैं। स्वास्थ्य के बिना आपका जीवन कैसे सुखमय रह सकता है। स्वास्थ्य कमजोर होने पर अनेक प्रकार के रोगों के आक्रमण होने का खतरा बढ़ जाता है। इसलिए अपना स्वास्थ्य बनाए रखने के लिए जरूरी है, मनोबल को सचेष्ट रखें और अपने स्वच्छ विचारों के अनुरूप जीवन को परिवर्तित करे।

जो व्यक्ति अपने दुर्बल विचारों का ही गुलाम है, वह कभी बड़ा नहीं बन सकता और न ही कभी सफल नेता बन सकता है और न कभी

शक्तिशाली मनुष्य की पदवी ही प्राप्त कर सकता है। ऐसा व्यक्ति चाहे कितनी ही विलक्षण बुद्धि का स्वामी हो, कितनी ही योग्यता तथा कार्य कर सकने की क्षमता रखता हो, वह अपने 'मूड' का गुलाम होने के कारण पूरी तरह अक्षम बना रहेगा। उसका मनोबल तुरंत टूट जाएगा।

भय के दबाव में मनुष्य का निर्णय और न्याय की शक्ति कमजोर हो जाती है। भय के कारण ही मनुष्य मूर्खतापूर्ण निर्णय ले लेता है। वह शक्ति, समझदारी, मानसिक संतुष्टि आदि सभी वांछनीय संपदाओं को खो देता है। प्रभावशाली कार्य संपन्न करने के लिए इन गुणों की जरूरत पड़ती है। संकट के समय मनोबल ही मनुष्य का एकमात्र साथी होता है। धैर्य रखने से ही उसकी समस्या का समाधान संभव है अन्यथा वह हताश होकर बैठ जाएगा।

व्यक्ति संकट के समय संघर्ष तभी कर सकेगा, जब वह जागरूक हो और उसका मनोबल ऊंचा हो।

इसीलिए अपने को वश में रखिए, मन को संतुलित बनाइए और प्रत्येक वस्तु प्रत्येक घटना को बारीकी से जांच-पड़ताल करने के बाद ही निर्णय लीजिए।

मनुष्य को वर्तमान पर हर समय नजर रखने की जरूरत है। प्रसिद्ध विचारक डिजरायली का स्पष्ट मत है कि 'एक रुपये का नुकसान देखकर अपने मनोबल की कमजोरी के कारण हम दो रुपये का नुकसान और कर बैठते हैं।'

उदाहरण के तौर पर मान लीजिए कि परिवार के किसी व्यक्ति से अचानक असावधानी के कारण दस रुपये का गिलास टूट गया। गिलास को टूटा देखकर वह व्यक्ति क्रोध में इतना उत्तेजित हो गया कि उसने अपने अविवेकी मन से 2 घंटे कार्य ही स्थगित कर दिया, जिसके परिणामस्वरूप उसने कम-से-कम बीस रुपये से अधिक कीमत का नुकसान तो कर ही लिया। धैर्यपूर्वक यदि हम गंभीरता से विचार करें तो वास्तव में हम हमेशा इस भूल को दुहराते ही रहते हैं, यदि सावधानीपूर्वक अपने मनोबल का सहारा न लें।

धैर्य और मनोबल को हमारे स्वभाव में मिला हुआ होना चाहिए,

क्योंकि इन्हीं के माध्यम से हम अपनी इंद्रियों को वश में रख सकते हैं। यदि इंद्रियां हमारे वश में नहीं हैं, तो हम कभी भी सुखी जीवन नहीं जी सकते।

इस संदर्भ में एक लोककथा बहुत सटीक है। मुलिसिस नाम का सौदागर जब अपनी नाव में बैठकर सायेहन्स नाम के एक द्वीप के पास से गुजरना चाहता था, तो उसने अपने सारे साथियों के कानों में मोम भर दिया और खुद को नाव के मस्तूल से बांध लिया। सायेहन्स वास्तव में जादूगरनियों का द्वीप था। वे अपनी मधुर मोहक गीतों की सुरीली धुनों के अक्सर यात्रियों को लुभाकर अपने पास बुला लेती थीं और सारे यात्री जादुई नगरी में तन, मन, धन सभी कुछ लुटा बैठते थे। चतुर मुलिसिस ने यह कोशिश इसलिए की, ताकि उसके साथी उनकी मस्त धुनों एवं मधुर गायकी से मुग्ध न हों और उसमें फंसकर अपनी आगे की यात्रा स्थगित नहीं करें। सौदागर ने अपनी यात्रा को तो सफल बना लिया लेकिन एक अन्य सौदागर आफ्यूर्ज जब 'सुनहरी ऊन' की खोज में निकला और उस सायेहन्स द्वीप के निकट से गुजरा, तो उसने ऐसी नशीली सुरीली तान छेड़ी कि जादूगरनियां अपनी गायकी छोड़ बेसुध हो गईं।

इस प्रकार यदि हमें उस द्वीप के निकट से गुजरना जरूरी ही है, तो कानों में मोम डालकर या मस्तूल से बांधकर यात्रा सफल बनाना जरूरी नहीं है, बल्कि हम नैतिकता के मोहक स्वरों की तान छेड़कर अपने मनोबल के सहारे जादूगरनियों को मोहित कर पराजित जरूर कर सकते हैं।

वास्तव में भावनाएं वायु की लहरें हैं जो हमारी नौका को धकेलकर आगे ले जाती हैं। हमारी बुद्धि हमारी जीवन नौका की पतवार संभालती है। जैसी हमारी बुद्धि होगी, उसी दिशा में हमारी जीवन नौका बढ़ती चली जाएगी। इसके लिए आत्मसंयम और मनोबल की बहुत जरूरत है।

एक जलयान ऐरी झील से आनटेरियो झील जा रहा था। वह नियाग्रा जलप्रपात से करीब 2 किलोमीटर दूरी पर पहुंचने वाला ही था कि उस जलयान में अचानक आग लग गई। तेज हवाओं के कारण आग की लपटें

आनन-फानन में चारों ओर फैल गईं।

सारे यात्रियों और जहाज कर्मचारियों ने तुरंत जीवनरक्षक नौकाओं में शरण लेना शुरू कर दिया और जहाज को भाग्य के भरोसे उसी स्थान पर छोड़ दिया। उस समय आग की लपटों में फंसा जहाज ऐसा लग रहा था, जैसे समुद्र में ज्वालामुखी फूटकर पिघल रहा हो। विकराल लाल-लाल लपटें समुद्र से उठकर आकाश को छूने की कोशिश कर रही थीं।

थोड़ी देर के बाद वह जहाज आंखों के सामने ही जैसे डूबने लगा। जैसे ही ऐसा विचार मन में उभरा तभी वह जहाज अपनी आंखों के सामने देखते-देखते डूब ही गया।

इसी प्रकार हममें से अधिकांश लोग दुष्प्रकृति की आग में जलते हुए उपेक्षा के अंधेरे में डूब जाने के लिए हमेशा अग्रसर रहते हैं। प्रार्थना और गिड़गिड़ाहट में अपने दोनों हाथ बांधे संसार के सामने नतमस्तक होकर उनसे सहायता की भीख मांगते हैं, परंतु हम उन्हें बचा नहीं पाते, क्योंकि ऐसे मनुष्यों की रक्षा केवल ईश्वर ही कर सकता है, मनुष्य के बस की बात ही नहीं है।

वास्तव में मनोबल मनुष्य के स्वभाव का एक विशेष आभूषण है, जरूरी गुण है। जो व्यक्ति आत्मसंयमी होता है, वह सभी कुछ आसानी और सुगमता से हासिल कर लेता है। जब उसमें मनोबल का विकास होता है, तब उसमें ईश्वरीय शक्ति का संचार हो जाता है। आत्मसंयम के बिना कोई भी व्यक्ति दृढ़ चरित्र का निर्माण, सफलता की प्राप्ति और अपनी उन्नति के अवसर आसानी से खोज ही नहीं सकता है।

इतिहास प्रसिद्ध हैंपडन के विषय में क्लैरेंडन का कहना है कि वह मनोबल के सहारे ही अपनी भावनाओं पर शासन करता था और यही कारण था कि वह जीवनभर दूसरों पर शासन कर सका। आत्मसंयम और मनोबल के सहारे न केवल व्यक्ति अपने पर विश्वास करता है बल्कि दूसरों पर भी एक दिन उसका विश्वास जम जाता है। आत्मविश्वास के सहारे ही व्यवसायी रोज-रोज अपना व्यापार बढ़ता जाता है।

जीवन में सफलता पाने के लिए खुद पर विश्वास करना जरूरी है। जो खुद पर विश्वास करता है, वह दूसरों की अपेक्षा अधिक विश्वसनीय

हो जाता है। जिसे खुद पर ही विश्वास नहीं होता है, वह अपने कारोबार और व्यवसाय पर कैसे नियंत्रण रख सकता है?

यह सच है कि आत्मसंयम के बिना सफलता मिलना संभव नहीं है। आत्मसंयम के लिए मनोबल का होना भी बहुत जरूरी है। मनोबल के अनुसार स्वभाव में परिवर्तन होता है, जो परिस्थिति के अनुकूल कार्य करने के लिए उचित व्यवहार करने में सक्षम होता है। दार्शनिक सुकरात की पत्नी बहुत कर्कशा थी, जिसे देखकर उसके परिचित मित्र बहुत हैरान होते और आश्चर्य भी करते थे। उनमें से कुछ सलाह भी दे देते थे कि 'आप पत्नी को तलाक क्यों नहीं दे देते?'

'यह नही होगा।' वह हंसकर उत्तर देते, 'यह कैसे संभव है? सोचो तो?'

'सारी उम्र ऐसे निर्वाह कैसे करेंगे?'

'मैं उसकी बातों पर ध्यान नहीं देता हूं।' सुकरात ने समझाया, 'वह बोलती रहती है, मैं सुनता रहता हूं। वह तो सचमुच मेरे लिए जीवन में एक मनोरंजन है। उसके स्वभाव से मैं अच्छी तरह परिचित हूं और संयम रखने में सक्षम हूं। यह समझ लीजिए, आप सभी के प्रति मेरी विनम्रता उसी के कारण है।'

दार्शनिक सुकरात के उत्तर से पता चलता है कि उन्होंने अपना स्वभाव अपनी पत्नी के अनुसार बदल डाला था। जिस पर उन्हें गर्व था, क्योंकि यही उनकी सफलता का रहस्य भी था। यदि उन्होंने पत्नी के क्रोध का उत्तर क्रोध से दिया होता तो उनका मनोबल टूट जाता। उन्होंने धैर्य के साथ सोच लिया था कि उसके मुंह लगने से फायदा नहीं, बल्कि नुकसान की संभावना अधिक होगी। यही सुकरात की सफलता थी। उन्होंने समझ लिया था कि दांपत्य-जीवन में स्वभाव का बहुत बड़ा महत्व है। यदि पति-पत्नी एक-दूसरे के स्वभाव को बर्दाश्त नहीं करेंगे, तो उनका जीवन नर्क बन जाएगा।

सफल व्यक्ति की सफलता का रहस्य है—उसका मनोबल, खुद पर नियंत्रण। वह अपने आप पर नियंत्रण रखता है। इसी नियंत्रण के साथ वह किसी खास उद्देश्य की सफलता के लक्ष्य को लेकर लगा रहता है।

जीवन में चाहे जितनी विपरीत परिस्थितियां हों, चाहे जितनी परेशानियां हों, मुसीबतें क्यों न रास्ते में बाधा डालें, मनोबल और आत्मसंयम से सफलता हासिल की जा सकती है।

यदि किसी व्यक्ति में मनोबल नहीं है तो उसकी सारी योजनाएं, योग्यताएं फीकी होकर रह जाएंगी और वह अपने स्वभाव के उतार-चढ़ाव के दबाव में बंधकर टूट जाएगा। वह इतना प्रभावशाली बनकर उभर ही नहीं सकता कि अपने शत्रुओं के प्रहारों का मुकाबला बुद्धिमानी से कर सके।

शायद सभी एक तथ्य जानते होंगे कि विश्व विजेता सिकंदर ने आइसम, ग्रेनीकस, आरबेला पर विजय की पताका लहराते हुए केवल 33 वर्ष की अल्पायु में ही एक विशाल साम्राज्य स्थापित कर लिया था। इतना मनोबल मजबूत होने के बावजूद वह एक नारी की झील जैसी आंखों में ऐसा डूबा कि मदिरा और भोग-विलास की दलदल में धंसता ही चला गया। अगर वह इस सुंदरी को अपने मुंह से 'नहीं' कह देता, तो आज इतिहास कुछ और ही लिखा जाता। केवल एक बार की वासना ने बेबीलोन में उसे मौत की नींद में हमेशा के लिए सुला दिया।

नेपोलियन तक अपनी भावनाओं पर काबू न पा सकने के कारण दुखी होकर मरा। नाटककार शेक्सपियर ने रंगमंच पर विनाश के बड़े सुंदर चित्र प्रस्तुत किए, इसलिए मनोबल बहुत जरूरी है, जो वर्तमान को पैदा करने वाला है।

बिना मनोबल के न कोई व्यक्ति सफल हो सकता है और न ही वह मनोवांछित उन्नति के शिखर पर ही चढ़ सकता है। यदि इस पर थोड़ा-सा भी संदेह हो तो अपनी अंतरात्मा से पूछ लीजिए। सफलता का एकमात्र रहस्य केवल मनोबल है।

रास्ता कितना भी भयावह और कांटों-भरा क्यों न हो, कठिनाइयां चाहे रास्ते में जितनी बाधाएं उत्पन्न करें, लेकिन अगर मनुष्य का मनोबल शक्तिशाली है तो उसी के सहारे वह सारी कठिनाइयों को बहुत सहजता से मुकाबले में हरा सकता है। वह आत्मसंयम के सहारे ही हमेशा तरक्की कर सकता है।

आत्मसंयम ही एक ऐसा गुण है जिसके सामने शत्रुओं को भी झुकना पड़ता है। सब लोग उसे आदर-सम्मान की दृष्टि से देखते हैं। जिसका मनोबल बलवान है, उस पर अन्य व्यक्ति आसानी से विश्वास कर लेते हैं, उसकी साख दिन-दूनी रात चौगुनी बढ़ती जाती है। जिनको खुद अपने पर भरोसा रहता है उन्हीं पर दूसरे व्यक्ति भी आशा लगाए रहते हैं। जिन्हें खुद अपने पर भरोसा नहीं होता, उनकी बात पर दूसरे भी भरोसा नहीं करते और उनसे दूर ही रहना पसंद करते हैं।

शिक्षित और स्वस्थ व्यक्ति भले ही अपने जीवन में कभी असफल हो जाएं लेकिन ध्यान रखना चाहिए कि जिस व्यक्ति का मनोबल टूटा नहीं, ऊंचा है, वह जीवन में कभी असफलता का मुंह नहीं देख सकता। आत्मसंयमी व्यक्ति हमेशा हंसकर ही संकट के समय धैर्यपूर्वक अपने लक्ष्य को प्राप्त कर ही लेता है, रास्ते की कठिनाइयां कभी उसका रास्ता रोक नहीं पाती। वह हमेशा विजयी होता है। समाज, देश और संसार में ऐसे ही लोग सम्मान और प्रतिष्ठा प्राप्त करते हैं। ऐसे लोग दूसरों को उपदेश देने की बजाय पहले खुद उस कार्य में जुटकर दूसरों का मार्गदर्शन करते हैं और तब अन्य लोगों की भीड़ उन्हीं के पीछे चल पड़ती है।

'ना' एक साधारण और छोटा-सा शब्द है जिसे बच्चा भी बहुत आसानी से सीख जाता है, लेकिन हमारे युवक और प्रौढ़ सभी इससे कतराते हैं। देखा जाए तो इस छोटे-से एक शब्द में मानव जीवन का एक बड़ा उद्देश्य छुपा हुआ है, सारे जीवन का दर्शन केवल 'ना' शब्द में निहित है, परंतु जरूरत है उस शक्ति की, जिसकी सहायता से आप इसका उचित प्रयोग कर सकते हैं। वह शक्ति केवल अभ्यास से ही प्राप्त हो सकती है और अभ्यास भी कुछ नहीं केवल आपका आत्मसंयम एवं मनोबल ही है, जिसे आपको अच्छी तरह पहचानना है।

राजा जोंन शक्ति के घंमड में चूर होकर मानवता को भुलाकर क्रूरता के जाल में फंस जाता है और ईर्ष्या की आग में जलने लगता है सिर्फ इसलिए क्योंकि उसका मनोबल कमजोर हो जाता है। वह अपना आत्मसंयम खो बैठता है।

लंदन की मरसी नदी में एक दिन ऐसे युवक की लाश तैरती मिली, जिसने नदी में डूबकर आत्महत्या कर ली थी। उसकी जेब में एक कागज का टुकड़ा मिला, जिसमें लिखा था, 'मेरा जीवन नष्ट हो चुका है, जिसका कारण है बहुत ज्यादा शराब पीना। मैंने कभी अपने हितैषियों की सलाह को भी नहीं माना और अपना सब कुछ लुटा बैठा। अब मेरे जीवन में चारों ओर अंधेरा ही अंधेरा है। अब केवल मृत्यु ही मेरा सम्मान कर सकती है। अब जीवन जीने का कोई आसान रास्ता शेष ही नहीं बचा है।'

उपरोक्त घटना के प्रकाशित होते ही एक सप्ताह के अंदर ही इंग्लैंड के कोने-कोने से लगभग 200 से अधिक पत्र जांच अधिकारियों के पास पहुंचे। क्योंकि इसी प्रकार के अन्य परिवारों के युवक भी उस दौरान घर से गायब हो चुके थे। वे भी शराब पीने के आदी थे और परिवार वालों की बातों को सुनते नहीं थे और आवारा बनकर सड़कें नापा करते थे। मनोबल नाम की शक्ति उनमें बिल्कुल भी नहीं थी। ये सभी परिवारों के युवक भी घोर शराबी जीवन व्यतीत कर रहे थे तथा बहुत समय से उनका कोई अता-पता नहीं लग रहा था। घर की सारी पूंजी को खोकर शराब घर की शरण में जा गिरे थे। उनका आत्मसंयम खो गया था। मनोबल समाप्त हो चुका था। घर का चिराग बुझ चुका था। अगर उनमें अपना मनोबल मौजूद होता, तो वह निश्चय ही इस प्रकार आवारा बनकर अपने मां-बाप की रोशनी छीनने की हिम्मत बिल्कुल नहीं करते। उन्होंने अपने वर्तमान की रक्षा नहीं की। वे अपने हाथों से ही अपना भविष्य खराब करके भिखारी का जीवन जीने के लिए निराशाजनक रास्ते पर चल पड़े, जहां से मृत्यु के अलावा कोई और रास्ता नजर ही नहीं आता था। इसलिए आत्महत्या करना ही उन्हें सबसे अच्छा रास्ता नजर आया। जो शेष बचे होंगे, वे भी एक न एक दिन इसी प्रकार काल के मुंह में समा ही जाएंगे।

दांपत्य-प्रेम

दांपत्य प्रेम के बिना जीवन की गाड़ी आगे चल ही नहीं सकती। हालांकि गृहस्थी का बोझ बहुत भारी होता है लेकिन अगर जीवन-साथी जिंदगी के सफर में हर पल साथ निभाते रहे, तो यह बोझ मन को सुकून देने वाला और सुहाना लगने लगता है। थक हारकर बैठने से यह जीवन-यात्रा बहुत कठिन लगने लगती है। इसलिए मन के मंदिर में दांपत्य-प्रेम की पूजा इस सफर को आसान बनाने वाली होती है। जीवन-यात्रा के दौरान बहुत तरह की परेशानियां आनी स्वाभाविक हैं, लेकिन उनके आगे नतमस्तक होना सही नहीं है। मन बिल्कुल मंदिर की तरह होता है, जिसकी पवित्रता का ख्याल रखना आपका फर्ज है। तभी पति-पत्नी का प्यार फलता-फूलता रहता है।

दार्शनिक हक्सले कहते हैं, 'युवावस्था में ही ऐसी शिक्षा प्राप्त कर लेनी चाहिए कि शरीर इच्छाशक्ति अर्थात् मनोबल का चुस्त एवं निपुण सेवक बनकर उसकी आज्ञा पालन करता जाए। हमारी बुद्धि उस चमकते मौन इंजन की तरह है, जिसके सभी पुर्जे शक्तिशाली और गतिशील होते हैं। बुद्धि कटार के समान पैनी एवं तीक्ष्ण हो, ताकि वह सूक्ष्म-से-सूक्ष्म और स्थूल-से-स्थूल तर्कों को पल में समझकर उसका सटीक उत्तर दे सके।'

प्रत्येक मनुष्य के हृदय में हमेशा इच्छाएं पनपती रहती हैं कि जीवन में उसे सुख के साधन प्राप्त हो जाएं। इन इच्छाओं को पूरी करने के लिए सारा संसार एक लंबी दौड़ में शामिल है। वह विश्वविजेता बनने में

कितना सक्षम है, इसका निर्णय उसके कर्म पर निर्भर करता है। किंतु सपनों के संसार में तो बेचारा आखिरी कोशिश तक भागना चाहता है।

सुंदर कपड़े, साज-सामान और आवास, पारिवारिक प्रसन्नता के सामने कोई अहमियत ही नहीं रखते हैं। संसार के लुभावने वैभव के सामने दांपत्य-प्रेम का ऊंचा स्थान है। दांपत्य-प्रेम के बिना जीवन नीरस है और उसके सामने सांसारिक आमोद-प्रमोद, सुख-संपदा और हीरे-जवाहरात के भंडार भी तुच्छ हैं। उनकी चमक-दमक फीकी है। विचारक जेरमी टेलर सच कहते हैं, 'एकांत जीवन की तुलना में दांपत्य जीवन में कहीं अधिक सुरक्षा है। उसमें लाभ अधिक है हानि कम, सुख ज्यादा खतरे कम हैं।'

वैसे तो गृहस्थी में झंझट ज्यादा दिखाई देते हैं, लेकिन इसके बदले मिलने वाली खुशी, सुख-शांति और आत्मीयता को आदमी जीवनभर भुला नहीं पाता। गृहस्थी का बोझ बढ़ने पर खींचने के लिए जीवन-साथी के रूप में जब सहारा मिलता है, तो यही बोझ सुखद लगने लगता है। इस प्रकार संसार की जननी का नाम ही गृहस्थी और नारी है।

आखिर नारी क्या है? सारा संसार युग-युगांतर से उसे जानने-समझने की कोशिश करता आ रहा है, किंतु आज तक उसकी रमणीयता और रहस्य की परिभाषा नहीं कर पाया है।

नारी स्वर्ग से अवतरित एक सुकोमल सपने के समान उपहार है। उसमें स्नेह की धारा इतनी प्रबल है जिसकी तुलना संसार की किसी अन्य वस्तु से ही नहीं की जा सकती। नारी की रचना कुछ इस प्रकार की है कि घर, समाज और संसार को वह अपने प्रकाश से आलोकित करती है, दु:खों के कांटे चुनकर सुख के रास्ते पर चलना सिखाती है। खुद जलती है किंतु दूसरों के घावों को चंदन के लेप से शीतल करने को तैयार रहती है।

जो मनुष्य गृहस्थी की चिंताओं से घबराकर विवाह बंधन में बंधने से कतराता है, वह मनुष्य संसार के एक महान अलौकिक सुख से वंचित रह जाता है, जैसे एक टांग का लंगड़ा जीवन की किसी प्रतियोगिता में भाग लेने से पहले ही अपनी बैसाखियों को निराशा से बजाता है। जब वह

खुद को प्रतियोगिता के लायक नहीं समझता तो उसका मन कुंठा से भर जाता है।

'घर' या 'गृहस्थी' शब्द से एक मोहकता, रसिकता है जो मन को अनायास छूती है, आकर्षक लगती है और आनंद देती है। घर की सुखद कल्पनाभर से प्राणी अपना दुःख, संकट, थकान आदि एक क्षण को भुला देता है। बच्चों की किलकारियां, मोहक मुस्कान सभी कुछ उसे स्वर्ग से बढ़कर सुंदर लगती हैं।

जीवन में इसलिए घर का अलग महत्व है। हर व्यक्ति अपना घर बनाकर, बसाकर जीवन के रास्ते पर सफलता की खोज में चल पड़ता है। साहस के साथ कदम-से-कदम मिलाकर चलना ही जीवन का आनंद है। अगर आप जीवन का सुख चाहते हैं, तो आपका अपना घर जरूरी है।

एक चतुर अनुभवी, वृद्धा ने अपने पुत्र को स्नेह-भरे शब्दों में आदेशपूर्वक निर्देश दिया, 'बेटे, यदि तुम्हें जीवन में खुद को सुखी देखने की इच्छा है, तो शादी के बाद घर में दो बीयर रखना। क्या समझे?'

बेटे ने बीयर का अर्थ शराब समझा, वही उसे फौरन दुहरा दिया।

मां ने आगे मुस्कराकर बताया, 'नहीं, तुम बिल्कुल समझे ही नहीं। एक 'बीयर' अर्थात् सहन करो। दूसरा 'फार बीयर' अर्थात् भूल जाओ।'

उस वृद्धा ने विवाह का सही सूत्र दो शब्दों के अर्थ में ही समझाने की कोशिश की है।

ऐसे ही आदेश एक पिता ने पुत्र को देते हुए कहा, 'बेटे सगाई करते समय मैंने तुम्हें सलाह दी थी कि अपने आंखें खुली रखना। अब तुम्हारी शादी हो चुकी है, मेरी अगली सलाह मानो कि अपनी आंखें अब बंद रखना।'

यह घर केवल शरीर का ही आवास नहीं है, बल्कि यह एक मन का मंदिर भी है जिसे जितना पवित्र रखा जाता है, उतना ही फायदेमंद होता है। पति-पत्नी को हंसते-खेलते हुए प्यार से रहना चाहिए। प्रत्येक परिवार की प्रसन्नता का आदर्श रूप चूल्हे के आसपास बिखरती मदमाती मुस्कानें ही तो हैं। यौवन उस प्यार का एक फूल है और बुढ़ापा पका

हुआ फल है। प्रीत की सुबह सुहानी है, तो शाम रंगीन ही नजर आएगी।

'आमोद-प्रमोद भरी उम्र की छांव में प्यार की दुनिया बहुत सुख प्रदान करती है। उनके इंद्रधनुष का एक छोर आकाश में होता है, तो दूसरा पृथ्वी के दूसरे छोर पर तना नजर आता है। पति-पत्नी पूर्णता का आधा-आधा हिस्सा हैं, जो एक-दूसरे के बिना अधूरे हैं। एक हाथ से ताली कभी नहीं बज सकती, यह बात दांपत्य जीवन के सहयोगियों को आंखें खोलकर समझ लेनी चाहिए। एक-दूसरे के बिना दोनों अधूरे हैं।

समस्या तब उलझती है, जब विरोधी भावों को मिलाकर एक भाव का पक्ष मजबूत बनाने का दुःसाहस किया जाता है। गृहस्थी के रूप में आपको एक पत्नी मिलती है, जिसका कुशल व्यवहार आपके जीवन को उन्नत और सफल बनाने में सहायक सिद्ध हो सकता है। यह तभी संभव है, जब आप पत्नी की रुचि को पहचानें। आप पत्नी को पहचानेंगे तो पत्नी भी आपको समझने की कोशिश करेगी, आपका आदर करेगी, आपका विश्वास करेगी और आपको समझेगी। आप सभी दुःख खुली हवा में उठाते हैं, जबकि पत्नी सुबह से रात तक चारदीवारी में बंद रहती है। उसकी कोशिशों की सराहना कीजिए अनदेखा नहीं कीजिए और उसे पूरा प्यार दीजिए, वह जीवनभर आपकी होकर रहेगी। पत्नी को संतोष भरे स्नेह की सुंगध दीजिए, उसकी इच्छा को पूरा करना अपमान न मानकर उसे बराबर का दर्जा दीजिए, वह आप पर मर मिटेगी।

ब्राडलिंग की शादी जब वैदेह के साथ संपन्न हुई तो उसने बहुत गर्व से कहा, मेरे अलावा इस महान कवि को संसार में दूसरा समझ ही नहीं सकता है। मैं उसकी नस-नस में समा गई हूं। मैं उसकी सांसों की धड़कनें तक सुनती रहती हूं।'

इसी प्रकार एंडमंड वर्क ने बहुत गंभीरता से अपने प्रियजनों के सामने दांपत्य जीवन के बारे में बताते हुए हर्षित मुद्रा में कहा, 'घर में पहुंचते ही, पत्नी को देखकर सभी चिंताओं से मुझे मुक्ति मिल जाती है।'

यही कारण है कि गृहस्थी या अपने घर का जीवन में महत्वपूर्ण स्थान है, क्योंकि उसी से मनोबल को संघर्ष करने की अपार शक्ति प्राप्त होती है, प्रेरणा मिलती है। संसार के सुप्रसिद्ध महापुरुषों ने अपनी पत्नियों

के प्रति हमेश ही कृतज्ञता प्रकट की है। उन्होंने यही माना भी है कि उनकी सफलता में उनकी पत्नी के सहयोग का महत्वपूर्ण योगदान रहा है। जिसे वे हरगिज भुला नहीं सकते। किसी ने सही कहा है कि किसी पुरुष की सफलता में उसकी पत्नी का हाथ जरूर रहता है।

कहते हैं, 'एक बार दार्शनिक डिक्शन के घर एक कुंवारी लड़की आई। उसने प्रश्न किया, 'कुछ महिलाएं अपने पतियों की इच्छाओं के अनुरूप जीवन निर्वाह कर लेती हैं, किंतु अधिकांश ऐसी भी होती हैं कि वे साल-दो साल भी मुश्किल से पति के साथ नहीं चल पातीं, ऐसा क्यों?'

'हां, यह सच है।' डिक्शन बोला, 'पत्नी को अपने पति के लिए एक आरामदेह तकिए के समान बने रहना ही हितकर है।'

'क्या मतलब?' आश्चर्य से युवती ने फिर प्रश्न पूछा।

डिक्शन मुस्कराकर बोला, 'घर के बाहर पति को काफी विरोधों और संघर्षों से गुजरना पड़ता है। घर पहुंचकर वह जीवनसंगनी से सहारे की आशा करता है। उसके थके शरीर को आरामदेह सहारा चाहिए। इसलिए पत्नी को तकिया बने रहना ही हितकर है।

विश्वविख्यात महापुरुषों के जीवन-चरित्रों से एक बात प्रमाणित होती है कि उनकी सफलताओं के पीछे उनकी पत्नियों अर्थात् घर का महत्वपूर्ण हाथ रहा है। इस बात को उन्होंने स्वीकार भी किया है कि अपनी पत्नी एवं गृहस्थी के कारण ही वे अपने मकसद में कामयाब हुए हैं। एक प्रसिद्ध लेखक ने तो यहां तक लिख दिया कि सुयोग्य पत्नी बिकाऊ वस्तुओं के समान प्रदर्शन नहीं करती, वह वैभव विलासिनी नहीं होती और सुख-दुःख के हर अवसर पर अपने पति का सहयोग करती है। ऐसा आचरण करने वाली महिला अपने पति के मनोबल को शक्तिशाली रखने के लिए हमेशा कोशिश करती रहती है। अगर नारी विवेकी, चतुर एवं आज्ञाकारिणी हो तो पुरुष को सच्चे सुख का अनुभव होता रहता है। ऐसा आचरण करने से पुरुष भी नारी की इच्छाओं और सुख सुविधाओं का ख्याल रखते हुए उसे यथोचित सम्मान देगा और वे एक आदर्श जीवन व्यतीत करने में सफल होंगे।

वह पुरुष वास्तव में पारखी और बुद्धिमान है, जो मूर्ख लड़की के साथ विवाह के बंधन को स्वीकार कर लेता है, क्योंकि वह लड़की के मन में बहने वाली स्नेहिल धारा को पहचान लेता है। अधिकांश लोग बुद्धिमान लड़की को इसलिए जीवन-साथी बना लेते हैं, क्योंकि वह श्रेष्ठतम दिखती है। किंतु वह न तो व्यवहार कुशल निकलती है और न उससे स्नेह की एक बूंद ही टपकती है—ऐसा चुनाव तो मूर्खतापूर्ण ही कहा जाएगा क्योंकि स्वर्ग का सुख नरक से भी बदतर लगेगा। दार्शनिक सुकरात की पत्नी बहुत लड़ाकू और कर्कशा थी, किंतु सुकरात उसकी प्रशंसा के पुल यह कहकर बांधा करते थे, कि, 'वह मेरी प्रेरणा है, उसका सहयोग यदि न मिला होता तो जो भी मैं हूं, वह न होता।'

श्रीमति पी.टी. वर्मन ने अपने लेख में एक जगह लिखा है, 'पति-पत्नी के आपसी झगड़े सिर्फ इसलिए होते हैं क्योंकि सामान्य स्तर की नारियां अपने पतियों की रुचियों से अपरिचित रहकर केवल अपनी इच्छाओं को प्राथमिकता से स्वीकार कराना चाहती हैं। पति का प्यार पत्नी के सारे जीवन को सुखद बना डालता है, इसलिए दांपत्य-प्रेम तभी सफल होता है, जब दोनों सुख-दुख के सहयोगी बन जाते हैं और जीवन में जरा-सा कष्ट भी नजर नहीं आता है। शादी के बाद पति-पत्नी को सबसे ज्यादा कष्ट देने वाली एक ही बात होती है—चरित्रहीनता। इसके साथ यह भी ध्यान रखना चाहिए कि कोई ऐसा कार्य न करें, जिससे घर-परिवार की सुख-शांति भंग न हो, मन-मुटाव बढ़े या संदेह का वातावरण बढ़े।

उचित यही है कि पति कभी भी अपनी पत्नी से कुछ भी रहस्यपूर्ण बातें छुपाकर नहीं रखे। रहस्य को छुपाना ही वह दुर्गुण है, जो जीवन को दुःख से भर देता है। रहस्य चिंता का अवकसित फूल है जो दुविधा की बेल की तरह हर शाखा से लिपटकर फैलाना चाहता है, किंतु खिलने से पहले मुरझा कर झड़ जाता है।

एक बार साक्षात्कार के दौरान ओनासिस से प्रश्न किया गया, 'आपका नाम देश के करोड़पतियों में पहले स्थान पर लिया जाता है, आपकी सफलता का रहस्य क्या है?'

उसका उत्तर था, 'मेरी पत्नी को मालूम है।'

पास में खड़ी पत्नी से भी यही प्रश्न पूछा गया कि 'आपके पति की सफलता का क्या रहस्य है?'

पत्नी ने मुस्कराकर उत्तर दिया, 'हम दोनों जानते ही नहीं रहस्य किस चिड़िया का नाम है।'

ओनासिस ने तभी आगे कहना शुरू किया, 'हर समस्या हम दोनों के सामने खुली रहती है। सभी काम एक-दूसरे की सलाह से करते हैं। पत्नी से बढ़कर संसार में दूसरा सलाहकार कौन हो सकता है? उसे अपनी सफलता और लक्ष्य में भागीदारी देकर तो देखिए। पत्नी को भोग-विलास की वस्तु मानना या उससे दासी के समान व्यवहार करना अनुचित है। उसे अपने सच्चे मित्र के समान समझिए, सुख-दु:ख की हर बात में विश्वास के साथ उससे सलाह लीजिए-आपका जीवन-दर्शन बदल जाएगा।'

वास्तव में घर-गृहस्थी का बनाना-बिगाड़ना आपके अपने हाथों में है। लेकिन आपके दांपत्य-प्रेम की गाड़ी तभी दौड़ेगी, जब दोनों पहिए कदम-कदम पर सहयोग के साथ धुरी पर घूमने की कोशिश करेंगे।

किसी को अपशब्द कहिए, देखिए उनका दुष्प्रभाव कितनी जल्दी से दूसरे को प्रभावित करता है? कैसे एक कमजोर व्यक्ति भी आपकी गर्दन मरोड़ने के लिए तुरंत दौड़ पड़ता है। शब्द या बात के एक छोटे से आघात को सहन न करने के कारण गृहस्थी अपने अस्तित्व को ही नष्ट कर देती है। इसलिए महापुरुषों ने यही कहा है कि, 'कड़वे बोल नहीं बोलिए, हमेशा मीठे बोल बोलकर दूसरों के मन को जीतने की कोशिश कीजिए, परिवार एक सूत्र में जुड़ा रहेगा, गृहस्थी में संपन्नता फलेगी-फूलेगी और आपके व्यक्तित्व का विकास होगा। इससे मनोबल की शक्ति एवं कार्य करने की क्षमता दिन दूनी रात चौगुनी बढ़ती ही जाएगी। मीठे बोलों का हर व्यक्ति पर बहुत चमत्कारी प्रभाव पड़ता है। शत्रु भी दुश्मनी को छोड़कर गले मिलने का इच्छुक हो जाता है। प्रेम की निर्मल धारा प्रवाहित होने लगती है।'

इसके विपरीत आचरण करने वाले एक पति ने अपनी पत्नी पर

चरित्रहीनता का बेबुनियाद आरोप लगा दिया और उसे 'वेश्या' कहकर संबोधित किया। पति के कटु वचनों को सहन न कर पाने के कारण पत्नी गर्दन में रस्सी से फांसी लगाकर मर गई। पति का सुख-संसार अपनी छोटी-सी एक गलती के कारण नष्ट हो गया। कानून की लगाम ने भी उसे अपराधी बनाकर फांसी की सजा दे डाली। इसलिए विवेक से काम लेकर हमेशा सोच-समझकर ही अपने मुंह से शब्दों को निकालना चाहिए। जो बातें आपको आघात पहुंचाती हैं, बुरी लगती हैं, उनका प्रयोग भूले-भटके अनजाने में भी करने की गलती नहीं करनी चाहिए अन्यथा आपको बहुत भयानक परिणाम भी भुगतने पड़ सकते हैं। सेंट जीस्ट ने सच ही कहा है, 'शांत रहो और धैर्य रखना सीखो, तुम प्रत्येक पर शासन कर सकते हो।' मैंनिगर बताते हैं कि जो व्यक्ति दूसरों पर शासन करने की इच्छा रखते हैं उन्हें पहले खुद पर शासन करने की आदत डालनी चाहिए।'

पत्नियों के कारण कुछ महापुरुषों का जीवन बहुत ही दुःखद और शोचनीय था। ये बात दुनिया वाले उनसे कहते भी रहे किंतु उन्होंने इसे स्वीकार नहीं किया। टॉलस्टॉय की पत्नी बहुत ही झगड़ालू प्रवृत्ति की महिला थी, किंतु उस लेखक ने हमेशा अपना आदर्श अपनी पत्नी को ही बताया।

काउंट लियो टॉलस्टॉय ने उपन्यास लेखक के रूप में संसार को 'युद्ध और शांति' एवं 'अन्नाकरेनीना' जैसी सशक्त रचनाएं देकर अपना नाम अर्जित किया, किंतु उन्हें भी जीवनभर दांपत्य सुख नहीं मिला। इनकी दांपत्य जिंदगी की शुरुआत ठीक ढंग से हुई थी, लेकिन बाद में रिश्ते बिगड़ गए। यह सब धीरे-धीरे हुआ।

वे निराशा से जीवनभर संघर्षरत रहे, किंतु उफ तक नहीं की। सारी सुख-संपदा के लिए कमाया धन और जमीन दान करके गरीबी में रहने लगे। वे खेतों में जाकर लकड़ियां काटते और सूखी घास के ढेर इकट्ठा करके लाते, अपना जूता खुद बनाते, अपने रहने के कमरे को खुद साफ करते, लकड़ी के बर्तन में भोजन करते और अपने शत्रुओं से प्रेम करते।

लेखक टॉलस्टॉय का जीवन एक दुःखांत नाटक में सिर्फ इसलिए

बदला, क्योंकि उनकी विलासप्रिय पत्नी जिस ढंग का जीवन जीना चाहती थी, वह उन्हें पसंद नहीं था। पत्नी की नजर में जो वस्तुएं कीमती थीं, उन्हें टॉलस्टॉय बेकार समझकर दान कर देते थे। बहुत कोशिशों के बाद भी जब लेखक की सोच नहीं बदली, तो पत्नी विरोध करने लगी। वह अपने पति को तंग करती रही, कोसती रही, चीखती-चिल्लाती रहती, डांटती-फटकारती रहती थी। पत्नी चाहती थी कि पुस्तकों को प्रकाशित करने से पहले प्रकाशक उचित रायल्टी दिया करें, जिससे धन की प्राप्ति हो सके। जब टॉलस्टॉय विरोध करते, तो पत्नी हिस्टीरिया के दौरे से पीड़ित हो जाती, घर में कभी कोहराम मचाती, कभी अफीम की बोतल होंठों से लगाकर नंगे फर्श पर लेट जाती और धमकाने लगती कि जहर खाकर आत्महत्या कर लूंगी या कुएं में छलांग मारकर मर जाऊंगी।

टॉलस्टॉय और उनकी पत्नी के 48 साल की दांपत्य जीवन में इससे पहले कभी इतना तनाव नहीं था, लेकिन पत्नी के अत्याचार व व्यवहार में उनकी गृहस्थी में आग लगा दी थी इसलिए लेखक महोदय चुपचाप इस त्रासदी को झेलना चाहते थे।

कई बार ऐसा हुआ कि पत्नी 50 साल पहले डायरी में लिखे उन अंशों को सुनाने की जिद करती, जो टॉलस्टॉय ने लिखे थे। टॉलस्टॉय भावविभोर मुद्रा में जब भी उसकी इच्छानुसार अपने उन सुखद और मनमोहक दिनों के बारे में पढ़ते तो अब हमेशा के लिए चले गए थे, तो दोनों ही रोने लगते। वास्तव में जीवन की सच्चाई डायरी में लिखे सपनों से कितनी अलग होती थी, जो बहुत दिन हुए देखते-देखते आंखों से ओझल हो गए थे। शायद जीवन सपने के समान टूटने लगा था, मनोबल कमजोर हो गया था, केवल मौन में जीना नियति बन गई थी। उनकी विवशता जो थी, बेचारे करते भी क्या। आदत से मजबूर दोनों दांपत्य जीवन की डोर से बंधे थे।

इस प्रकार का संघर्ष भरा जीवन 82 वर्ष तक लेखक ने जिया और 1910 को आवरो की बर्फीली रात के समय और अधिक दुःख न सह पाने के कारण पत्नी को सोता छोड़कर घर त्याग दिया। उन्हें पता नहीं था-वह कहां जा रहा है? उनका पड़ाव क्या है? वे घर से भागकर न

लौटने के लिए ही तो निकले थे। आंखों में केवल प्रश्न, प्रश्न केवल प्रश्न चिन्ह ही तो उसके सहयोगीयों बन गए थे।

उसके ठीक 11 दिन बाद एक रेलवे स्टेशन पर निमोनिया से पीड़ित लेखक की मृत्यु हो गई। मरने से पहले उसने विनती के केवल दो शब्द छोड़े थे, 'मेरी पत्नी को मेरे सामने नहीं आने देना।'

लियो टॉलस्टॉय की पत्नी ने उनकी मृत्यु के बाद अपनी पुत्रियों के सामने भूल स्वीकार करते हुए कहा, 'बेटी, तुम्हारे प्रिय पिता की मृत्यु का कारण मैं अभागिनी ही थी। मैं आज महसूस करती हूं कि उस समय मैं पागल थी।' वे मन-ही-मन रोती भी रहीं, क्योंकि वे जानती थी कि उसने इस समय सच बोला है, लेकिन पति के मरने के बाद पश्चाताप करने का मतलब भी क्या था। पति के दुनिया से चले जाने के बाद अपनी गलतियां स्वीकार करने का कोई फायदा नहीं होने वाला था। अब उसके पास बची थी सिर्फ पति को कभी न भूलने वाली यादें....।

इसी प्रकार अमेरिका के राष्ट्रपति अब्राहम लिंकन का दांपत्य जीवन भी एक दु:खांत नाटक ही कहा जा सकता है।

कन्फ्यूशियस ने ठीक ही लिखा है, 'जब आपके अपने द्वार की सीढ़ियां मैली हों, तो अपने पड़ोसी की छत पर पड़ी गंदगी की शिकायत नहीं करनी चाहिए।'

और लिंकन हमेशा कहते, 'किसी की आलोचना नहीं करो जिससे कोई तुम्हारी आलोचना करने की तैयारी कर सके, क्योंकि उनकी स्थिति में हम भी होते, तो संभव है ऐसे ही होते।'

आलोचना कबूतरों के घर वापिस आने जैसी है, जो आकाश की ऊंचाइयों में उड़ते रहने के बाद भी अपने घर ही लौटकर दम लेते हैं। जिस व्यक्ति को हम सुधारने और बुरा ठहराने जा रहे हैं, वह निश्चय ही खुद को ठीक साबित करने की कोशिश करेगा और बदले में हमें बुरा ठहराएगा।

ऐसे महान विचारक और सुप्रसिद्ध राष्ट्रपति लिंकन 15 अप्रैल, 1865 को शनिवार के दिन सस्ते से होटल में पड़े आखिरी सांसें पूरी कर रहे थे। बूथ नामक व्यक्ति ने उन्हें गोली का निशाना बना डाला

था—उसका लंबा शरीर एक छोटे-से पलंग पर लेटा पड़ा था।

पलंग के ऊपर 'दि होर्स फायर' नामक एक चित्र की प्रति टंगी थी और कमरे में गैस का एक दीपक जल रहा था। मौन से समझौता करने वाला शासक मौन पड़ा था।

अमेरिका के राष्ट्रपति लिंकन को जब बूथ से गोली मारी तो लिंकन ने महसूस ही नहीं किया कि उन्हें गोली लगी है। वे तो विवाह के दुःखांत नाटक के अंतिम अध्याय पर चुपचाप मुस्कराए थे। दरअसल लगातार 23 सालों तक उन्हें दांपत्य जीवन कष्ट देता रहा, क्योंकि उनकी पत्नी ने इस शादी को 'दांपत्य दुःख की कड़वी फसल' नाम दे रखा था। लिंकन के लिए भी शादी कड़वी यादें बन गई थी, क्योंकि 23 साल तक उनकी पत्नी शिकायतें करती, तंग करती, कष्ट पहुंचाती, चिढ़ाती हुई उनकी उम्मीदों का गला घोंटती रही थी।

वास्तव में लिंकन पति-पत्नी का स्वभाव एक दूसरे से बिल्कुल अलग था। उनके सोचने-समझने के तरीके, शिक्षा-दीक्षा और आदतों में बुनियादी फर्क था। लिंकन की पत्नी हमेशा लिंकन का तिरस्कार करती थी और उन्हें नीचा दिखाती थी, इसलिए वे समय-समय पर एक-दूसरे को चिढ़ाने लगते थे। लिंकन का शरीर विशालकाय तो था, किंतु उनके बड़े-बड़े कान सिर में से समकोण पर निकले थे, जो पत्नी को अच्छे नहीं लगते थे। इतना ही नहीं, वह पति से कहती, 'तुम्हारी नाक सीधी नहीं है और तुम्हारा जबड़ा बाहर निकला हुआ है। तुम ऐसे चलते हो, जैसे क्षय रोग से पीड़ित हो। तुम्हारे हाथ जितने बड़े-बड़े हैं, उतना ही सिर छोटा लगता है।'

वह पति की शारीरिक बनावट में कमियां निकालने के साथ-साथ हमेशा ही शिकायत करती, कड़वे वचन बोलती, आलोचना करती, क्योंकि उसे पति का रहन-सहन ही नहीं उसकी कोई भी चीज ठीक ढंग से नजर नहीं आती थी। वह व्यंग्य से कहती, 'कंधे झुकाकर भद्दे ढंग से चलते हो।' अमरीका के आदम निवासियों के समान अपने पांवों को एकदम सीधा ऊपर उठाकर चलने की उनकी आदत छूट ही नहीं रही थी। वह उनकी चाल की नकल उतारती, उन्हें तंग करती कि उसके पांवों

में कोई लचक नहीं है, उनकी गति में समता नहीं है।

लिंकन की पत्नी की कर्कश आवाज गली के दूसरे किनारे पर लोगों को साफ सुनाई पड़ती, किंतु उसे अपने इस आचरण पर कोई शर्म नहीं आती थी। वह बात-बात पर इस प्रकार गुस्सा हो जाती थी कि गुस्से में होने वाली बातें पास रहने वाले सभी लोगों के कानों में जरूर पड़ जाएं। कभी-कभी वह मारपीट तक करने को उतारू हो जाती थी। शादी के बाद पति-पत्नी श्रीमति जेकब अरली नामक एक डॉक्टर की विधवा पत्नी के यहां स्प्रिंग फील्ड में भोजन करते थे। वह अपनी गरीबी के कारण अपने यहां पेईंग गेस्ट रखती थी।

एक शाम जब अन्य लोग भी उस जगह पर भोजन कर रहे थे, तभी अचानक लिंकन दंपत्ति में झगड़ा हो गया। पत्नी ने गुस्से से भड़ककर अपने कॉफी के गरम प्याले को पति के मुंह पर अन्य लोगों के सामने ऐसा फेंका कि उनका मुंह कॉफी से जल गया। लिंकन चुपचाप बिना हिले-डुले अपनी जगह पर चुपचाप बैठे रहे। श्रीमति अरली अपने काम को छोड़कर वहां दौड़ी आई और लिंकन के मुंह को अपनी गीली तौलिया से साफ करके उन्हें सात्वंना दी। इसके बावजूद श्रीमति लिंकन की डांट-फटकार की रफ्तार पहले की तरह चालू रही।

लिंकन की उस कर्कशा पत्नी के स्वभाव में अहंकार, विलासिता और दंभ कूट-कूटकर भरा था। संभवतः बचपन से ही पागलपन के अंश उसमें विद्यमान हो सकते हैं, जिसके कारण वह योग्य चिंतक और विश्वप्रसिद्ध राष्ट्रपति जैसे नायक को अपने जीवन में दांपत्य सुख देकर सहेज नहीं सकी। श्रीमति लिंकन के तंग करने, डांटने-फटकारने, गरजने से भी लिंकन नहीं बदले।

वाल्टर उमरोश की पत्नी का विचार था कि राजधानी से अपना जीवन साथी चुनने और विवाह करने के बाद सौजन्य को सहेजकर रखना ही उचित दांपत्य जीवन है। क्या यह नहीं हो सकता कि अन्य जवान पत्नियां अपने पतियों के प्रति भी वैसा ही सुशीलता का व्यवहार करें, जैसा कि वे अपरिचितों के मिलने पर उनसे करती हैं। कोई भी व्यक्ति चिड़चिड़ी, झगड़ालू महिला या गृहस्थी से तो दूर ही भगेगा।

अशिष्टता ऐसा नासूर है जो दांपत्य-प्रेम को निगल जाता है। हर व्यक्ति यह जानता भी है किंतु वास्तविकता इसके विपरीत है। हम अपने आत्मीयजनों के प्रति उतने सुशील नहीं होते, जितने अपरिचितों के प्रति हो जाते हैं।

प्रसिद्ध रूसी उपन्यासकार तुर्गनेव ने कहा है, 'मैं अपनी सारी प्रतिभा, सारी पुस्तकें छोड़ने की तैयार हूं, यदि कहीं कोई भी ऐसी स्त्री मिल जाए जिसे इस बात की चिंता हो कि मैंने आज अभी तक भोजन क्यों नहीं किया है?'

किसी भी स्त्री की समझ में यह बात क्यों नहीं आती कि पुरुष अपनी गृहस्थी को सफल बनाने के लिए उतनी कोशिश या मेहनत क्यों नहीं करता, जितना वह अपने व्यापार और धंधों में करता रहता है?

यदि किसी मनुष्य का हृदय आपके प्रति विरोध और दुर्भाव से पीड़ित हो रहा है तो आप संसार के सारे सिद्ध तर्कों की सहायता से भी उस व्यक्ति को अपने विचारों से सहमत नहीं करा सकते। वास्तविकता यह है कि लोग अपना मन बदलना ही नहीं चाहते।

यदि हम सौम्य और मित्रवत रहना सीख लें, तो दूसरों को भी सौम्य और मित्रवत बनाना संभव हो सकता है। इसे झुठलाया नहीं जा सकता।

लिंकन ने ठीक ही कहा है, 'एक बूंद शहद जितनी मधुमक्खियों को आकर्षित कर पकड़ने से सक्षम होता है, उतना एक गैलन सिरका भी नहीं कर सकता है।'

जहां हम दांपत्य सुखी जीवन की चर्चा करते हैं, तो इसके लिए थोड़ा-सा कामशास्त्र के विषय में भी खुद को शिक्षित करना जरूरी है। अगर हमें उसका ज्ञान नहीं होगा, तो संभव है अपना अहित अनजाने में कर लें।

सामाजिक स्वास्थ्य विज्ञान की मंत्री डॉक्टर कैथराइन वीमेंट डेविस ने सारी विवाहित महिलाओं से बातचीत करने के बाद यह निर्णय निकाला कि सामान्य अमेरिकन युवक की सेक्स लाइफ ठीक नहीं है। यही कारण है कि अधिकांश तलाक दंपतियों की यौन समस्याओं के कारण होते हैं।

इसी प्रकार डॉ. ग.व. ममिल्टन ने चार वर्ष तक 100 महिलाओं और

100 पुरुषों के वैवाहिक जीवन का अध्ययन किया और इस नतीजे पर पहुंचे कि पति-पत्नी के अधिकांश झगड़ों की मुख्य वजह सेक्स लाइफ ही होती है। दोनों के बीच दूसरे तरह के झगड़े आसानी से निपट सकते हैं। बशर्ते उनके सेक्स के संबंध संतोषजनक संबंध हों।

इसी प्रकार लॉस एंजेलिस में डॉ. पोपनो ने दांपत्य जीवन की अनबन के लिए निम्न 4 प्रमुख कारणों पर प्रकाश डाला है–

1. मैथुन संबंधी कुव्यवस्था एवं अज्ञानता।
2. अवकाश के समय बिताने के तरीकों में आपसी मतभेद।
3. आर्थिक कठिनाइयां।
4. मानसिक, शारीरिक या विकार यंत्र अनियमितताएं।

अर्थात् मैथुन संबंधी ज्ञान तलाक के कारणों में सबसे पहले स्थान पर है।

प्रसिद्ध मनोविज्ञानी जॉन ब. वॉटसन ने लिखा है, 'यह मानना पड़ेगा कि मैथुन जीवन का एक महत्वपूर्ण विषय है। इसलिए यह साबित होता है कि मैथुन वह आवश्यक विधा है, जिसमें अज्ञानता और गड़बड़ी होने से अधिकांश स्त्री-पुरुषों के दांपत्य जीवन दुखमय हो जाते हैं।'

मैथुन विवाहित जीवन की अनेक तृप्ति देने वाली वस्तुओं में से प्रमुख है। जब तक मैथुन व्यवस्था ठीक न हो, तब तक दूसरी कोई भी बात ठीक और सुचारु रूप में नहीं चल सकती।

जहां चाह, वहां राह

किसी भी काम में सफलता पाने के लिए सबसे जरूरी है आपकी इच्छा। जिस किसी काम के प्रति आपकी चाहत होती है, उसके लिए रास्ते भी बन जाते हैं। धन कमाना भी एक तरह की चाहत है, लेकिन एक चाहत को पूरा करने के लिए मन लगाकर काम करना पड़ता है। सिर्फ सपने देखने से कोई धनवान नहीं हो सकता। अगर आपका मनोबल गिर जाएगा तो आप मंजिल तक पहुंचने के बजाए रास्ता भटक सकते हैं, इसलिए चाह के साथ-साथ सही रास्ते पर चलना भी जरूरी है, तभी आप कामयाबी की मंजिल पर पहुंचकर अपनी इच्छा पूरी कर सकते हैं।

यदि आपके मन में एक अच्छे क्रिकेट खिलाड़ी बनने की इच्छा है तो निश्चित ही आपको क्रिकेट के प्रति रुचि बढ़ानी पड़ेगी। आपको अपनी मनोवृत्ति भी वैसी ही बनानी पड़ेगी और वैसी ही कोशिश करते रहनी होगी। यदि आप यह चाहें कि आप क्रिकेट को छोड़ टेनिस के खेल में अपनी दिलचस्पी बढ़ाएं, तो आप न तो टेनिस खेल पाएंगे और न ही क्रिकेट। आपका मन भटक जाएगा। आपके लिए उन्नति के सभी रास्ते बंद हो जाएंगे। आपका जीवन कुंठित हो जाएगा।

हमें किसी भी कार्य को करने से पहले, उसकी सुनियोजित रूपरेखा बना लेनी चाहिए और उसके ही आधार पर एक योजनाबद्ध कार्यक्रम बनाकर उसे कार्यान्वित करना चाहिए। यदि हम धनवान होना चाहते हैं, तो सिर्फ सपने देखते रहने या हवाई किले बनाने से धनवान नहीं बन सकते। यदि हमारे मन में धन कमाने की इच्छा नहीं है, तो संसार की

कोई ताकत हमें धन कमाने के लिए प्रवृत्त नहीं कर सकती।

जो व्यक्ति गरीबी को ही अपनी नियति मान बैठता है, वह कभी भी धनवान नहीं हो सकता। जब आप खुद गरीबी की दलदल में फंस रहे हैं तो फिर आपको उससे भगवान भी नहीं निकाल सकता है।

अधिकतर लोग समस्या की जटिलता से घबरा जाते हैं और कभी-कभी मैदान में उतरने से पहले ही हिम्मत हार बैठते हैं। वे अपनी काहिली और नकारेपन को सीने से लगाए रहते हैं और सारा दोष भाग्य पर मढ़कर पलंग पर लेटे रहते हैं। समय ऐसे लोगों की प्रतीक्षा नहीं करता, वह उन्हें दुर्दशा के रास्ते में फेंककर आगे निकल जाता है। उनकी मनोवृत्ति भी धीरे-धीरे उनके साथ समझौता कर लेती है। आखिरकार ऐसे लोग अपनी प्राकृतिक मृत्यु से बहुत पहले ही मर जाते हैं।

यदि ऐसे भ्रमित, पथ, भ्रष्ट, असफलता से बोझिल लोगों के बारे में जांच की जाए तो कहीं न कहीं उनकी मनोवृत्ति अथवा रुचि के विरुद्ध रस्साकशी की भयानक वारदातें जरूर मिल जाएंगी। वह कुछ करना चाहते होंगे जबकि उन्हें उनके माता-पिता उसकी विपरीत दिशा में खींच रहे होंगे। इसका परिणाम यह निकला कि वह बेचारा अपनी अभिरुचि या मनोवृत्ति तथा माता-पिता के अरमानों के दो पाटों के बीच पिसता चला गया। न वह खुद को अपने मां-बाप के अरमानों के अनुरूप बना सका, न ही जो खुद चाहता था वह कर पाया, और वह अपने लक्ष्य से दूर होता चला गया।

जो थोड़े से लोग इस मनहूस रस्साकशी से बच जाते हैं, वे आगे चलकर सिकंदर बनते हैं, शेक्सपीयर बनते हैं, कोलंबस बनते हैं, गैराबाल्डी और सुभाषचंद्र बोस बन जाते हैं, जिन्हें इतिहास सिर पर बैठाता है और जमाना जिनकी पूजा करता है। ऐसे लोग बचपन में मिली आत्मविश्वास की पूंजी से मालामाल थे।

लक्ष्य-प्राप्ति के लिए व्यक्ति की क्षमता, योग्यता और पात्रता उतनी ही जरूरी होती है। जितनी किसी को जीवित रखने के लिए ऑक्सीजन जरूरी होती है। सफल होने की भावना ही नहीं बल्कि सफलता के प्रति पूरा विश्वास भी आपके मन में मजबूती के साथ रहना चाहिए। उसके

बाद स्पर्धा का मुकाबला करने का साहस और दृढ़ मन-मस्तिष्क का होना भी बहुत जरूरी है। क्योंकि आप जब मैदान में उतरेंगे तो उस दौड़ में आप अकेले ही तो होंगे नहीं, बल्कि आपकी तरह और भी अनेक उम्मीदवार आपके कंधे से कंधा मिलाकर दौड़ने के लिए तैयार होंगे और आपको उन सभी से मुकाबला करना होगा। उस समय आपको अपने मन में एक क्षण के लिए भी निराशा और हार का विचार आने नहीं देना चाहिए। विजय की प्रति पूरी तरह से आश्वस्त और आशावान रहना ही जीत की गारंटी है। एक-आध बार की ठोकर अथवा हताशा से कभी घबराकर मैदान छोड़कर भागना नहीं चाहिए।

आज की दुनिया में कदम-कदम पर आपको अपना प्रतिद्वंद्वी ताल ठोकता मिल जाएगा और आपको अपने लक्ष्य तक पहुंचने के लिए उन सभी प्रतिद्वंद्वियों से मुकाबला करके आगे निकलना है। आपके प्रतिद्वंद्वी आपसे किसी भी प्रकार से कमजोर नहीं होंगे। वे आपके साथ साहस के अंतिम क्षण अथवा लक्ष्य के अंतिम बिंदु तक संघर्ष करते रहेंगे और आपकी जरा-सी शिथिलता या लापरवाही आपको हरा देगी। संघर्ष और स्पर्धा अंतिम बिंदु तक चलती रहेगी, इसलिए इससे मुक्ति पाने का विचार छोड़ दीजिए। जीवन खुद संघर्ष है। विचारों की फिसलन, निश्चय की कमी, सफलता के प्रति संदेह और आत्मविश्वास का खोखलापन व्यक्ति को हार की खाई में ढकेल देता है।

आजकल का आदमी हथेली पर सरसों उगाना चाहता है। उसके पास किसी सत्य अथवा यथार्थ की उचित प्रतीक्षा करने के लिए समय ही नहीं है। आज के जैट युग में मनुष्य चाहता है कि पलक झपकाते ही उसके सपने पूरे हो जाएं। यदि वह सारे सपने बिना किसी खास मेहनत के पूरे हो जाएं, तो और भी अच्छा। आज के युवक को यह नहीं मालूम कि बिना हाथ-पांव हिलाए वह जिंदगी में एक क्षण भी आगे नहीं बढ़ सकता है।

आज की गरीबी का एक बहुत बड़ा और विशेष कारण है, काहिली, आलस्य, अकर्मण्यता और दिन में जागते हुए सपने देखना। इन सबके कारण आत्मविश्वास कम हो जाता है, जिसके कारण तन-मन में

काहिली, आलस्य और अकर्मण्यता रेत की तरह भरती चली जाती है और शेष जीवन एक भयानक रेगिस्तान की तरह भयावह और भुतहा बन जाता है। क्या आप स्वीकार करते हैं कि इस स्थिति को बनाने वाले आप खुद हैं। इस गरीबी और अभाव का नाटक क्यों? इसे पैदा करने वाले तो आप खुद ही हैं।

याद रखिए, आदतें एक दिन में बनकर मनुष्य पर हावी नहीं होतीं, चाहे वे अच्छी हों या बुरी। शुरू-शुरू में ये आदतें साधारण और छोटी लगती हैं, जिसे हम टाल देते हैं। बाद में उस घटना के पुनरावृत्ति को भी हम महत्व नहीं देते हैं। परंतु आंख तब खुलती है जब उस आदत के घातक परिणाम सामने आने लगते हैं। पेशेवर चोर, जेबकतरे या पॉकेट मार अपनी मां की कोख से सीखकर नहीं आते, फिर भी उनको पेशेवर मुजरिम बनाने में मां-बाप का सहयोग जरूर रहता है। यदि पहली बार उसके पिता ने उनकी जेब से रुपया निकाल मिठाई खा लेने की घटना को गंभीरता से लेकर उस पर उचित कार्यवाही की होती, तो बाद में उसे बैंक से बीस लाख रुपये चुराने के जुर्म में सात साल की सजा नहीं होती।

इसलिए बचपन से ही बच्चे की आदतें सुधारते रहना चाहिए, उसकी मनोवृत्ति में किसी प्रकार की दूषित प्रवृत्ति को प्रवेश करने से बचाना चाहिए। अपने आस-पास के प्रदूषित वातावरण से उसे बचाते रहना चाहिए। याद रखिए, यदि आपके चारों ओर का वातावरण, परिस्थितियां खराब हैं और यदि आपने अपने बच्चों में उन्हें पनपने की छूट दे दी है, तो समझिए, आप एक और भावी मुजरिम को प्रोत्साहित कर रहे हैं। गलत तरीके से प्राप्त की गई संपत्ति अथवा समृद्धि बिल्कुल उस खूबसूरत गुड़िया की तरह होती है, जिसके अंदर एक भयानक बम छिपाकर रख दिया गया हो। बाहर से वह जितनी आकर्षक होगी, अंदर से उतनी ही घातक। इस फरेब से बचिए, नहीं तो आपकी स्थिति भी उस चिड़िया जैसी होगी जिसने लोमड़ी की मीठी-मीठी बातों में आकर गीत गाने के लिए चोंच खोल दी थी। उसने यह बिल्कुल भी नहीं सोचा कि चोंच खुलते ही उसके मुंह में दबा रोटी का टुकड़ा गिर जाएगा और लोमड़ी उसे उठाकर भाग जाएगी।

आप अपनी गरीबी का ढोल क्यों पीटते हैं? जितना समय ढोल पीटने में गंवाते हैं, उतना यदि अपनी गरीबी को कम करने में लगाएं, तो देखिए, क्या बात बनती है। वह बात दूसरी है कि अगर आपने विश्वास बना लिया है कि आपको गरीबी की दलदल से मुक्ति मिलना मुश्किल है, तो यह विश्वास ही आपको दिन-प्रतिदिन गरीबी के जंगल की ओर खींचकर लेता चला जाएगा, और आप एक दिन उस बीहड़ जंगल में ऐसे मुकाम पर पहुंच जाएंगे, जहां से निकलने के लिए कोई भी रास्ता खोज पाना असंभव हो जाएगा और आप वही बैठे घुटनों में चेहरा छिपाकर अपने भाग्य को दोष देते रहेंगे। परंतु ईमानदारी से थोड़ी देर के लिए अपनी इस विचित्र 'यात्रा' का विश्लेषण कीजिए। क्या इसमें आपको अपनी भूमिका का अंश दिखाई नहीं देता। इस सारे (दुखांत) नाटक का पूरा श्रेय या उत्तरदायित्व सिर्फ आप और आपकी दोषी मनोवृत्ति पर है।

मनोविज्ञान के विद्वान शास्त्रियों का मत है कि हर इंसान में एक चुंबकीय आकर्षण होता है। जैसे ही विचार शक्ति इसकी परिधि में आती है, वैसे ही आकर्षण होता है। यदि वह वस्तु दरिद्रता की भावना है तो वह भी आपकी विचार-शक्ति को वैसा ही प्रभावित करेगी। यदि आप कष्टों एवं बीमारियों के धुएं से अपने विचारों को प्रदूषित करते रहेंगे तो निःसंदेह आपका विचार कष्टों में लिप्त हो जाएगा। इसके विपरीत आपके विचारों में यदि रचनात्मक सुगंध बहेगी, तो निश्चित ही आप एक सफल शिल्पी के रूप में संसार में प्रसिद्ध होंगे। शिल्पी से मेरा मतलब है–भाग्य निर्माता। आप जीवन में जो चाहेंगे, वह आपको प्राप्त होगा। ऋद्धि-सिद्धि आपकी दासियां बनकर आपकी सेवा करेंगी। दुनिया आपके सामने झुकेगी और इतिहास आपके गुणगान करता रहेगा।

अभाव, अपमान, असफलता के सामूहिक हमले का शिकार मनुष्य अपना विवेक और बुद्धि गंवा बैठता है। वह किसी भी कार्य को पूरा करने की शक्ति और साहस जुटा नहीं पाता। उसमें से आत्मविश्वास रेत की तरह फिसलती जाती है और उसकी जगह भय, शंका और कुंठा उसके आतंकित मानस पर मंडराने लगती हैं, जिससे उसके व्यक्तित्व को घुन लग जाती है। चिंताओं के चमगादड़ उसे हर समय घेरे रहते हैं और

उसकी कार्यक्षमता को दिन-प्रतिदिन खोखला करते चले जाते हैं। उसके सोचने की शक्ति खत्म होने की स्थिति तक पहुंचकर नष्ट हो जाती है। वह समाज में प्रतिष्ठा खो देता है, उससे लोगों का भरोसा उठ जाता है। अंत में तिरस्कार उसके व्यक्तित्व को खत्म कर देता है। वह एक भले एवं सफल व्यक्ति के सारे गुण धीरे-धीरे गंवा देता है।

उम्मीद के सहारे ही व्यक्ति जिंदा रहता है। अगर मनुष्य के अंदर उत्साह खत्म हो जाता है, तो उसकी उम्मीद धीमी पड़ने लगती है। जीवन का यह नाटक सुखद हो या दुःखद इसका पूरा उत्तरदायित्व अथवा आधार खुद मनुष्य है। वह खुद अपनी कहानी का रचनाकार होता है। जिस प्रकार के सुखद अथवा दुःखद मोड़ वह अपने जीवन नाटक में ला सकता है-कोई दूसरा नहीं। हालांकि वह अपनी सारी परेशानियों की जिम्मेदारी हमेशा दूसरे पर ही डालकर संतुष्ट होने का ढोंग करता है परंतु वास्तविकता तो यह है कि ढोंग ज्यादा देर नहीं चल पाता। कम-से-कम उसके अपने अंतर्मन के सामने तो बिल्कुल भी नहीं। उसके सामने उसकी एक भी चालाकी नहीं चल पाती।

आशा वह एक मजबूत नाव है जिसके सहारे व्यक्ति प्रेरणा की शक्ति लगाकर कर्म की पतवारों से कर्तव्यों के महासागर के उस पार जाया जा सकता है। जहां सफलता उद्यमी कर्मवीर का स्वागत करती है।

इसके विपरीत आशाहीनता, निराशा एवं नकारात्मकता इंसान का हर रास्ता रोक देती है। मनुष्य की प्रगति का हर रास्ता कुंठित हो जाता है। वह इन्हीं कुंठाओं में कैद हो जाता है और बुझी हुई आग की तरह फेंक दिए जाने की प्रतीक्षा करता रहता है। उसकी योग्यताएं या क्षमताएं भी उसी राख में मिलकर मिट्टी हो जाती हैं। इस संसार में ऐसी राख के अनेक ढेर इधर-उधर पड़े मिल जाते हैं, जिन्हें देखकर यह अनुमान लगाना असंभव हो जाता है कि वह राख किस पदार्थ की आग की है और वह पदार्थ क्या था, कैसा था, कितना मूल्यवान था, कौन था?

वह 'कौन' ही था जो हर समय निराशा में डूबा रहता था और उसने अपना भविष्य राख बना लिया था। किसी भी कार्य-योजना को छूने से पहले ही वह अपनी सलीब से जा चिपकता था। उसे अपने प्रत्येक कार्य

के आगे अपनी असफलता का चेहरा नजर आता था। उस बिंब का निर्माण वह खुद करता था। जीवनभर 'करने' के नाम पर उसने उन्हीं बिंबों का निर्माण किया था। काश! इन बिंबों के स्थान पर वह कुछ और बना पाता जो आगे बढ़ने से उसे हिम्मत देते, परंतु उसके दिमाग की दृढ़ता इन्हीं बिंबों से चिपके रहने में खर्च हो गई थी।

यदि आप किसी वस्तु अथवा कार्य के बारे में लगातार सोचते रहें, तो निश्चित ही वह वस्तु अथवा कार्य आपको अपनी ओर आकर्षित करता रहेगा। यह एक मनोवैज्ञानिक सच्चाई है। इश्क और भक्ति के संबंध में भी यही फार्मूला लागू होता है। अपने प्रिय अथवा ईश्वर की ओर आकर्षित होना या उसमें लीन हो जाने के लिए यह जरूरी समझा गया है कि आप लगातार चिंतन करते रहें। उस चिंतन के अनुरूप ही आपकी भावना बनती है। भावना के अनुसार ही बिंब का निर्माण होता है और उस बिंब की प्राप्ति ही आपकी सफलता है, मोक्ष है, निर्वाण है या सफलता का भरपूर आनंद है। जिसके लिए एक कर्मशील व्यक्ति निष्ठा और लगन से मेहनत करता रहता है।

चित्रकार, संगीतकार, साहित्यकार या प्रतियोगिक परीक्षा के सफल उम्मीदवार अपने-अपने लक्ष्य की प्राप्ति के लिए लगातार अभ्यास, चिंतन या अध्ययन करते रहते हैं। दिन-रात, सोते-जागते, उठते-बैठते, चलते-फिरते आपको अपने लक्ष्य के प्रति सजग रहना चाहिए। इस 'तपस्या' के दौरान आपको निराशा, संदेह या शंका के बहकावे में नहीं आना चाहिए और न ही भयभीत होना चाहिए। तपस्या में बाधा डालने के लिए यह असुर शक्तियां आपके इर्द-गिर्द चक्कर लगाती रहती हैं। परंतु याद रखिए, आपको विश्वामित्र नहीं बनना है, बल्कि आपको सिद्धार्थ बनना है, जो उन बाधाओं पर विजय प्राप्त करके बुद्धत्व एवं ईश्वर की सीमा तक पहुंचे थे।

अपने मन में विश्वास का बीज बोएं ताकि उसके वटवृक्ष की विशाल एवं असीम छाया में आप अपनी इच्छाओं की फुलवारी सजा सकें। जिन्हें खुद पर भरोसा होता है, वे लगातार अपने लक्ष्य को पाने के लिए कोशिश करते रहते हैं। जो अपने कार्य में थोड़ी-सी ढिलाई नहीं

बरतते, वे ही लक्ष्य को पाकर रहते हैं। चाहे वह कोलंबस हो, चाहे सर हिलेरी शेरपा तेनसिंह, चाहे वह डेविड लेविंग्स्टन हो, चाहे अलबर्ट आस्टाइन। इन सभी को खुद पर भरोसा था। वे अपने लक्ष्य को पाने के लिए लगातार कोशिश करते रहे और उन्होंने खुद को शंकाओं से दूर रखा।

चालीस वर्षीय एक व्यक्ति ने बीस वर्षों तक जी-जान से कमरतोड़ मेहनत की और एक सफल व्यक्ति की तरह व्यापार क्षेत्र में प्रतिष्ठित हुआ। उसके पास सभी कुछ था, बंगला, गाड़ी, पत्नी-बच्चे, नौकर-चाकर, नाम शोहरत। परंतु किस्मत ने पलटा खाया और एक भयानक अग्निकांड में उसकी लाखों की खिलौनों की फैक्टरी और शो-रूम जल गए। कर्जदारों ने उसकी प्रतिष्ठा पर कालिख पोत दी। बाजार में उसका विश्वास समाप्त हो गया। उसके ऊपर गरीबी के तूफानों ने एक साथ आक्रमण कर दिया। वह परिवार सहित फुटपाथ पर आ गया। इसके बावजूद उसने अपना आत्मविश्वास नहीं खोया। एक क्षण के लिए वह न तो हताश हुआ और न ही नकारा। इतना सब कुछ घट जाने के बावजूद उसने हार स्वीकार नहीं की। वह एक बार पुनः कमर कसकर खड़ा हो गया। वह अपने उसी रास्ते पर चल पड़ा, जहां से बीस वर्ष पहले चला था। उसने तिनका-तिनका जोड़ना शुरू कर दिया। कड़ी मेहनत और निष्ठा के साथ वह काम करता रहा और पहले जैसी संपत्ति व प्रतिष्ठा का स्वामी बन गया।

ईश्वर ने संसार की रचना करते समय मनुष्य को अन्य प्राणियों की तुलना में खास जगह और बुद्धि दी है, जिससे वह सोच सकता है और प्रत्येक प्रकार की प्रतिकूल अथवा अनुकूल परिस्थिति का सामान्य रूप से मुकाबला कर सकता है। बुद्धि बल के अलावा उसे शरीर बल और आत्मबल भी दिया है। उसमें आशा एवं आत्मविश्वास का संचार भी किया है। इतनी सारी अद्‌भुत नियामतें उसे देने के पीछे ईश्वर को विश्वास था कि मनुष्य अपने सृष्टा को बाधाओं की आंधी के सामने घुटने टेककर शर्मिंदा नहीं करेगा....बल्कि उनके सामने सीना तानकर डटकर मुकाबला करेगा और उन पर विजय प्राप्त करके अपने बनाने

वाले का सिर गर्व से ऊंचा करेगा....

याद रखिए, अगर आप किसी भी काम में हार मान लेते हैं, तो आप अपने रचनाकार के माथे पर कलंक बनकर उसे दुःखी करते हैं। इसलिए कम-से-कम अपने ईश्वर को तो शर्मिंदा मत कीजिए। सीना तानकर प्रत्येक मुसीबत का मुकाबला करना और जीत प्राप्त करना ही वास्तविक भगवद् शक्ति और सेवा है, क्योंकि इस संसार में कर्म ही प्रधान है। ईश्वर भी उन्हीं लोगों की मदद करते हैं, जो कर्म के प्रति निष्ठावान हैं या जो खुद अपनी मदद करते हैं।

किसी भी काम में सफलता पाने के लिए जरूरी है कि आप पूरी निष्ठा और तल्लीनता के साथ उसमें लगे रहें। अगर सोच सही है तो मानसिक प्रेरणा व्यक्ति को इस काम को करने के लिए प्रोत्साहित करती रहती है, जिससे मन का उत्साह अथवा उल्लास जरूर मिलता है। इससे स्वस्थ वातावरण बनता है, जिससे प्रेरित होकर मनुष्य कार्य करने के लिए आगे बढ़ता है। इसके विपरीत मन यदि निराशा के जहर से भर जाए तो वही मनुष्य बेकार हो जाता है और असफलताओं के कचरे के ढेर से दबकर एक अंधकार-भरा जीवन बिताने पर मजबूर हो जाता है। इस तरह की सोच से न केवल वह खुद प्रभावित होता है बल्कि उससे जुड़े परिवार, बच्चों और समाज पर भी असर पड़ता है। चिंतित मनुष्य का जीवन हमेशा नकारात्मक ऊर्जा से भरा रहता है। उसमें शरीर व दिमाग से कार्य करने की ताकत नहीं बचती और उसकी सफलता के रास्ते पर कांटे ही कांटे बिछे रहते हैं।

मनुष्य को अपनी क्षमताओं और योग्यताओं का सही मूल्यांकन करके उनका सदुपयोग करना चाहिए। सही मेहनत का फल मीठा ही होता है। एक बात विशेष रूप से ध्यान में रखनी चाहिए कि भयभीत मानसिकता से अपनी क्षमता एवं योग्यता का सही सदुपयोग नहीं हो पाता है। लगातार आतंक एवं भय के कारण मनुष्य का मन एकाग्र नहीं हो पाता है। प्रत्येक कार्य आरंभ करने से पहले यदि आपको इस कार्य में सफलता का विश्वास नहीं हो, तो आपका आधा उत्साह उसी समय खत्म हो जाएगा और आपके आत्मविश्वास को ठेस लगेगी। इस प्रकार के कार्य

के प्रति आपकी कुशलता में भी कमी आएगी और आप निःसंदेह एक कुशल कार्यकर्ता प्रमाणित नहीं हो सकेंगे।

हम यह मानकर बैठ जाते हैं कि वह सब जो घटा है या घट रहा है हमारी नियति में है और इसलिए हम उस चक्रव्यूह से निकलकर बाहर आने का न तो कभी साहस जुटाते हैं, न ही कोशिश करते हैं।

इसके विपरीत कर्मशील, उत्साही एवं रचनात्मक पुरुष तो अडिग चट्टान की तरह अटल होते हैं वे किसी भी मुसीबत में जरा भी प्रभावित नहीं होते। वे हर समय कुछ न कुछ रचनात्मक कार्य करने की धुन में लगे रहते हैं। एक संपूर्ण योजना के अनुसार वे अपना प्रत्येक कार्य शुरू करते हैं और एक निर्धारित कार्यक्रम के अनुसार ही चरम बिंदु तक सफलतापूर्वक ले जाकर ही सांस लेते हैं। वे न किसी बाधा से परेशान होते हैं और न ही किसी क्षणिक खुशी से प्रसन्न होकर समय गंवाते हैं, क्योंकि वे अपना लक्ष्य अच्छी तरह जानते हैं और उन्हें उस लक्ष्य से कोई भी डिगा नहीं सकता। ऐसे ही लोग अपना इतिहास खुद रचते हैं। ऐसे लोग आगे चलकर एक लीक बना लेते हैं, जिस पर चलकर आने वाले राहगीर खुद को धन्य समझते हैं।

ऐसे लोगों से कभी कुछ ऐसे लोग भी टकरा जाते हैं, जो उनके चलते हुए जहाज में छेद करने की कोशिश में रहते हैं ताकि उनके अभियान को सफलता से रुकावट पैदा हो जाए। उनकी असफलताओं से उन लोगों को प्रसन्नता होती है, क्योंकि वे चाहते हैं कि जैसा असफल और निकृष्ट जीवन वे व्यतीत करते हैं उसी प्रकार दूसरे कर्मशील लोग भी अपना रास्ता छोड़कर उनके साथ आ मिलें। इससे उन्हें अपार सुख व संतोष की अनुभूति होती है। परंतु वास्तविकता कुछ और ही देखने को मिलती है। साहसी लोग अपना दल बनाकर चलते रहते हैं। यह दल दिन-प्रतिदिन अपनी-अपनी मंजिल की ओर बढ़ता जाता है और अंत में एक आंदोलन का रूप धारणकर लेता है। वही लोग एक सफल क्रांति को जन्म देते हैं और इतिहास में नया अध्याय जोड़ते हैं।

ऐसे क्रांतिकारी दल में किसान, सिपाही, कर्मचारी, व्यापारी, विद्यार्थी या कलाकार....सभी प्रकार के उत्साही एवं निष्ठावान लोग दिखाई देते हैं।

यही लोग देश की प्रगति के आधार स्तंभ होते हैं। इस दल में उन लोगों की जरूरत नहीं होती या उनका प्रवेश निषेध होता है जो मन के कच्चे इरादों के गलत और आत्मविश्वास में कमजोर होते हैं।

याद रखिए, मानसिक एकाग्रता जितनी मजबूत होगी, सफलता मिलना उतना ही निश्चित है।

इसे हम दूसरे तरीके से समझते हैं। किसी वस्तु की प्राप्ति सिर्फ हमारे संकल्प, विश्वास और कोशिश की दृढ़ता पर ही निर्भर करती है। यह दृढ़ता ही हमें सारे विरोधों, बाधाओं और विवशताओं को पार करवाकर सफलता की अंतिम सीढ़ी तक पहुंच पाने का सुख देती है। इसलिए संकल्पों से ओत-प्रोत मन आपार शक्तियों का खजाना माना गया हैं संकल्प से ही शक्ति का संचार होता है। इस गुरु मंत्र को हमें पूरी तरह से समझ लेना चाहिए।

किंतु यह दृढ़ संकल्प कभी-कभी विध्वंसात्मक भी हो सकता है। इतिहास को यदि देखें तो संकल्प की दृढ़ता के कारण ही संसार में सारे रक्तपात, नरसंहार और ध्वंसात्मक वहशियाना दुर्घटनाएं बिखरी मिलेंगी।

यह मनुष्य के अविवेकपूर्ण एवं असंतुलित चिंतन एवं मानसिकता का परिणाम है कि वह जरा-सी बात पर क्रोध से आगबबूला हो जाता है और पाश्विक प्रवृत्ति का गुलाम होकर हिंसा पर उतर आता है। कभी-कभी यह विवेकहीन दुर्घटनाएं धन को लेकर भी होती हैं। वैसे मनुष्य धन, जमीन, स्त्री को ही लेकर अपना मानसिक संतुलन खो बैठता है और मरने-मारने पर उतर आता है, क्योंकि यह उपर्युक्त तीनों पर अपना स्वामित्व जताता है, और उन्हें 'वस्तु' मान बैठता है। संसार में आज तक जितने भी युद्ध हुए हैं, वे इन्हीं तीनों वस्तुओं के कारण हुए हैं। परंतु यदि इसी संकल्प को विवेक एवं बुद्धि से खर्च किया जाए तो निश्चित ही सुखद और रचनात्मक परिणाम निकलते हैं।

यदि आप कुछ चमत्कारी अथवा क्रांतिकारी कार्य करना चाहते हैं, यदि आप इतिहास में अपना स्थान विशेष बनाना चाहते हैं और यदि आप अपने समाज व देश में अपनी छाप डालना चाहते हैं, तो आपको अपने चरित्र, कार्यकुशलता, क्षमता, योग्यता और व्यक्तित्व को दृढ़ता प्रदर्शित

करनी चाहिए। आपके विचारों और कर्मों में समानता होनी चाहिए और आपकी कथनी व करनी में एकरसता होनी चाहिए, तभी समाज में आपके प्रति विश्वास पनपेगा, लोग आपका आदर करेंगे और आपकी प्रतिष्ठा बढ़ेगी। हर उस व्यक्ति को यह कला सीखनी चाहिए जो समाज में सिर उठाकर जीने की इच्छा रखते हैं। यह कला मनुष्य को शुरू से ही सीखनी चाहिए। पढ़ाई के दिनों में ही उसे इस बात का ध्यान देना चाहिए कि वह अपने विचारों को स्वस्थ, स्पष्ट और सांस्कृतिक बनाए और हमेशा वही करने की कोशिश करे जैसा कि वह सोचता है। यदि उसे 'कला' के विषयों में रुचि है, तो उस विज्ञान के विषय भूल से भी नहीं चुनना चाहिए, नहीं तो वह दुविधा-भरा जीवन व्यतीत करने पर विवश हो जाएगा। संसार में ऐसे बहुत ही कम महापुरुष मिलते हैं, जिन्होंने अपनी रुचि के विपरीत क्षेत्र में सफलता के झंडे गाड़े हों।

एक मनोविज्ञान की बात बताता हूं। मनुष्य के मस्तिष्क पर नकारात्मक अथवा सकारात्मक विचारों का आक्रमण आमतौर से तभी होता है, जब वह किसी रचनात्मक प्रक्रिया अथवा विचार से व्यस्त नहीं होता है। यानी जब हम कार्य में व्यस्त होते हैं, तो नकारात्मक विचार हमें स्पर्श नहीं कर पाते क्योंकि तब हमें उस कार्य के अलावा कुछ नहीं सूझता। दरअसल रचनात्मक कार्य करते समय आपको कोई संदेह तक नहीं सताता। कार्य रोक देने के बाद जब आप उसके परिणाम के बारे में सोचते हैं, तब ही संदेह, शंका और भय आपके मस्तिष्क पर धुआं बनकर छाने लगते हैं। उस समय आपका मन पल-पल पर ठोकता रहता है। शंकाएं और संदेहों के चमगादड़ बंद अंधेरे मस्तिष्क में तेजी से चक्कर लगाकर आपको आतंकित करते रहते हैं। आप पूछते हैं—यह भेद क्यों? इसका उत्तर सिर्फ एक ही है कि मनुष्य की प्रकृति रचनात्मक और अहिंसात्मक है। इसके विपरीत दिशा में चलने पर मन हमेशा उसे टोकता है या फिर गलत काम कर लेने पर भी उसका अंत:करण उसे कचोटता रहता है और कभी-कभी प्रायश्चित करने पर भी विवश कर देता है। ऐसी स्थिति प्राय: सभी के जीवन में आती है जब हम किसी-न-किसी रचनात्मक भावना, विचार-शृंखला या क्रिया के प्रवाह में बहते न हों और इसी प्रवाह के अनुसार

हमारा मन प्रभावित होता है। रचनात्मक विचार तथा क्रिया के वातावरण में हमारे व्यस्त मस्तिष्क पर किसी भी विपरीत स्थिति का असर भी नहीं पड़ता। उस समय न तो हमें निराशा त्रस्त करती है और न ही अकर्मण्यता हमें दबोचने की कोशिश करती है। तब हम पूरी तरह से स्वतंत्र और स्वावलंबी होकर अपने कर्तव्य-मार्ग पर नि:संकोच बढ़ते चले जाते हैं तब हमारा मन स्वस्थ होता है, हमारा विवेक स्पष्ट होता है और नीति प्रखर होती है। यही अवस्था रचना प्रक्रिया की है। इस सीढ़ी के सहारे मनुष्य ने बड़े-बड़े गौरवपूर्ण कार्य किए हैं।

ऐसे व्यक्ति अपने चमत्कारी व्यक्तित्व से अन्य उपस्थित लोगों के दिलोदिमाग पर छा जाते हैं। एक कुशल अध्यापक अथवा एक लोकप्रिय जननेता या अभिनेता या वक्ता में यही गुण जरूरी है।

इसके विपरीत जो लोग न अपना प्रभाव छोड़ पाते हैं और न ही जीत हासिल कर पाते हैं, उनका अंत क्या होता है। उनका मन, उत्साह का प्रकाश न होने के कारण, एक बंद अंधेरे कमरे के समान शून्य अथवा वीरान हो जाता है। उन्हें दूर-दूर तक आशा की किरण दिखाई नहीं देती है और वे अंधेरे में गुम हो जाते हैं। इतिहास उन भूलों पर धूल डालकर आगे बढ़ जाता है।

अनेक छात्र अपने मेधावी व्यक्तित्व के बावजूद जीवन के वास्तविक क्षेत्र में उतरते ही धीमे पड़ जाते हैं। उनकी मनोवृत्ति नकारात्मक एवं निराशापूर्ण हो जाती है और जीवन (कॅरियर) में असफलता के थपेड़े खाकर गुमनामी के अंधेरे में विलीन हो जाते हैं। ऐसे लोगों में उत्साह की कमी होती है और वे जीवन-पथ की जरा भी ऊबड़-खाबड़ जमीन देखकर घबरा उठते हैं। संघर्ष के रास्ते पर कठिनाई देखते ही तुरंत समझौता कर लेने के लिए तैयार हो जाते हैं। चाहे वह समझौता कितनी भी तुच्छता से क्यों न किया गया हो। मेरे एक मित्र, एक जनरल स्टोर के काउंटर पर दिनभर खड़े रहकर ग्राहकों को विभिन्न प्रकार के दंत मंजन बेचते हैं, जबकि वह अपने छात्र जीवन में हमेशा प्रथम श्रेणी में पास होते थे। पिछले बीस सालों में वह उसी जनरल स्टोर के उसी काउंटर पर खड़े हुए हैं। उनकी ईमानदारी और मेहनत के ही कारण

जनरल स्टोर के मालिक ने उनके परिवार पर तरस खाकर उन्हें नौकरी से हटाया नहीं है। अब वह एक हल्का-सा धक्का तक बर्दाश्त नहीं कर सकते हैं। वह अपनी उस स्थिति से संतुष्ट हैं। सारे अभावों और कड़वाहटों के बावजूद वह संतुष्ट हैं। सारे तिरस्कारों और नकारात्मक सत्कारों से भी वह संतुष्ट हैं। परंतु क्या यह सही है?

हमें अपनी जीवन-शैली ऐसी बनानी चाहिए कि उसमें श्रेष्ठ विचारों एवं सद्गुणों का मिश्रण हो। हमें इस ओर हमेशा कोशिश करते रहना चाहिए। ताकि हम अपने जीवन मार्ग से हटकर नकारात्मकता के बीहड़ जंगलों में गुम न हो जाएं। अगर हम मजबूत अच्छे विचारों से घिरे रहेंगे तो अपनी रचनात्मक मनोवृत्तियों को मजबूत बनाते रहेंगे। आप जैसा बीज डालेंगे, वैसा ही फल-फूल प्राप्त कर सकेंगे। फसल तभी खराब हो सकती है, जब या तो बीज खराब हो या उसके अनुकूल खाद-पानी आदि न मिला हो। जब व्यक्ति पर अकर्मण्यता हावी हो जाती है, तो उसकी क्षमता भी कम हो जाती है।

किंतु यदि व्यक्ति की चित्तवृत्ति साफ और शुद्ध हो और उसकी नियति में सच्चाई हो, तो उसे आगे बढ़ने का रास्ता साफ नजर आता है।

एक मानवीय मनोवृत्ति बताता हूं। प्रत्येक आदमी जब किसी रोगी या अन्य किसी भी तरह के व्यक्ति से मिलते हैं, तो संवेदना, सहृदयता या सहायक की भावना व्यक्त करने के लिए उसे किसी-न-किसी प्रकार की सलाह देना अपना फर्ज समझते हैं। रोगी को उसके उपचार के लिए कोई-न-कोई दवाई या डॉक्टर का सुझाव और किसी को काम करने के लिए कोई-न-कोई योजना अथवा तरकीब जब तक बता नहीं देते, तब तक वह समझते हैं कि उन्होंने सहृदयता, सहायक अथवा संवेदना रखने वाले की भूमिका अदा नहीं की। सलाह या दवाई बताते समय वे यह तथ्य बिल्कुल भूल जाते हैं कि उनकी सलाह या औषधि वहां उचित भी होगी या नहीं। कभी-कभी इस प्रकार के लोगों की सलाह सहयोग देने के बजाए उल्टा मुसीबत में खड़ी कर देती है। कभी-कभी गलत सलाह के आधार पर ही बड़े-बड़े साम्राज्यों की नाव डूबती हुई देखी गई है।

हमें इस प्रकार की सलाहों की कंटीली झाड़ियों को हटाकर अपने

कर्तव्य-मार्ग को साफ करते रहना चाहिए। हमें अपने संकल्पों पर पैनी और विवेकशील नजर जमाए रखनी चाहिए और अपने लक्ष्य के लिए हमेशा आस्थावान और प्रतिबद्ध रहना चाहिए। कहने का मतलब यह नहीं कि आपको सलाह नहीं लेनी चाहिए। सलाह-सहायता के बिना तो कोई काम पूरा हो ही नहीं पाता। सिर्फ इस तथ्य को हमेशा अपने मन में रखना चाहिए कि प्रत्येक कार्य योजना बहुत ही समझ-बूझ और परामर्श तथा विचार-विमर्श के बाद ही शुरू करनी चाहिए। कार्य शुरू करने के बाद बेमतलब की सलाह 'अंदर-घुसने' नहीं देनी चाहिए। कार्य की सफलता तभी संभव है, जबकि कार्यक्रम में किसी प्रकार के संदेह की गुंजाइश न हो। साथ ही हमें घृणा, ईर्ष्या, प्रतिशोध अथवा द्वेष आदि भावनाओं को भी अपने मन एवं कार्यक्रम में जगह नहीं देनी चाहिए। यह भ्रष्ट भावनाएं हैं, इनसे रास्ता भ्रष्ट होता है।

असफल लोग यदि अपने अंत:करण से निषेधात्मक एवं नकारात्मक विचारों को निकाल दें, तो उनका रास्ता बदल सकता है। जब तक आपके मन में ईर्ष्या, द्वेष, निराशा, कुंठा या अकर्मण्यता और उत्तेजना रहेगी, तब तक आपके कार्य में इसी प्रकार की रुकावटें आती रहेंगी। इसलिए आपको अपने मन में उत्साह, सहृदयता, आशा, उत्साह और कर्मठता को सम्मानपूर्वक जगह देनी चाहिए। ऐसी स्वस्थ मनोवृत्तियों के पनपने से आपकी प्रगति रुकेगी नहीं बल्कि आपमें आत्मविश्वास मजबूती के साथ बढ़ेगा। आत्मविश्वास के ही कारण आप अपना विश्वास अपने मित्रों, सहयोगियों एवं आपके साथ काम करने वाले अन्य लोगों में जमा कर सकेंगे और समाज में आपकी प्रतिष्ठा स्थापित होगी।

विश्वास न होने और संदेह की सड़न बढ़ जाने के कारण व्यक्ति में उत्साह कम होने लगता है और उसकी जगह कायरता बढ़ने लगती है। इसके फलस्वरूप हम पर अयोग्यता पर आरोप जबरदस्ती मढ़ दिया जाता है। ऐसी विवशताओं से प्रभावित होकर हम वास्तव में अयोग्य होने लगते हैं, क्योंकि हमारे आत्मविश्वास में भी घुन लग जाता है। इसके परिणाम अच्छे नहीं निकलते हैं। हमारी चुंबकीय शक्ति शिथिल होने लगती है और हमारे चरित्र को भी नुकसान होता है। हमारी इस कमजोरी या

तथाकथित चरित्रहीनता का फायदा हमारे विरोधियों को मिलने लगता है।

हम पर जबरदस्ती चिपकाई गई यह 'चरित्रहीनता' हमारे व्यक्तित्व को बुरी तरह से प्रभावित करती है। हम वास्तव में दकियानूसी हो जाते हैं, हमारी सोच पोंगा-पंथी हो जाती है और हम वास्तविकता से जी चुराने लग जाते हैं। भाग्य पर हमारा विश्वास इतना बढ़ जाता है कि हम अपना विश्वास बिल्कुल गंवा बैठते हैं और अपने जीवन के प्रत्येक आयाम पर हाथ-पर-हाथ रखकर बैठ जाते हैं।

भगवान के सहारे सब कुछ छोड़कर बैठ जाना कायरता एवं निष्क्रियता तो है ही, साथ में भगवान को बदनाम भी करना है, क्योंकि उसने मनुष्य को कर्म करने की आजादी जन्म के समय से ही दी है। हालांकि कर्म के परिणाम का दायित्व उसने अपने ऊपर जरूर ले लिया है।

इसलिए कार्य तो करना चाहिए। वही आदमी तरक्की करता है, जो अपने जीवन के रास्ते पर दृढ़ संकल्प के साथ अपनी योजना बनाता और उसे क्रियान्वित करता है। कार्य की कुशलता, दक्षता और क्षमता ही सफलता की गारंटी है।

इसलिए आपको अपने कर्तव्य अर्थात् कर्म के प्रति हमेशा सजग, सतर्क और प्रतिबद्ध रहने की जरूरत है। विश्वास कीजिए, इस प्रकार की मानसिकता के कारण आपको संतोष मिलेगा। मनुष्य को आत्मप्रशंसा हमेशा अच्छी लगती है। इसी प्रशंसा के बढ़ जाने के कारण मनुष्य का व्यक्तित्व आक्रामक हो जाता है और वह खुद को संसार के शिखर बिंदु पर खड़ा हुआ पाता है। यही भावना मनुष्य को रोमांचित करती है। फिर वह खुद को महान समझने लगता है। यही मानवता के पतन की चरम सीमा है। यहीं से दूसरों का शोषण शुरू होता है। खुद को महान समझने की सोच मनुष्य में अचानक नहीं पैदा होती, बल्कि बचपन से ही उसमें यह भावनाभर दी जाती है कि उसका जन्म उच्च परिवार में हुआ है, इसलिए वह जीवनभर परजीवी और पराश्रयी बन जाता है। जिसे वे शान से चाकरी या सेवा कहते हैं, वास्तव में यह दूसरों पर आश्रित हो जाने की मजबूरी है, परंतु उसमें आत्मसम्मान और सर्वोपरि समझने की प्रवृत्ति

प्रोत्साहित की जाती है। उन्हें यह विश्वास दिलाया जाता है कि वही सही हैं। किंतु ऐसे लोगों का पतन जल्दी ही हो जाता है और वे तन-मन और धन से नष्ट हो जाते हैं। वे इतने बिखर जाते हैं कि उन्हें समेटना संभव नहीं हो पाता है। इसलिए मनुष्य के मस्तिष्क को शुरू से ही संतुलित संस्कारों से संवारने-संभालने और सामाजिक तथा आर्थिक ऊंच-नीच से परखने की जरूरत है, ताकि मानव-समाज के आपसी संबंध संतुलित, सहिष्णु, सहृदयी एवं मधुर रहें। ऐसे समाज की कल्पना कीजिए, जिसमें कोई किसी का दुश्मन न हो, कोई किसी से छोटा, नीचा या शासित न हो। सब बराबरी के आधार पर प्यार से मिल-जुलकर एक परिवार की तरह संगठित रहें। इस संगठित, सांस्कृतिक, सभ्य एवं संतुलित परिवार में ईर्ष्या, द्वेष, प्रतिशोध, प्रतिस्पर्धा की घातक प्रवृत्तियों का प्रवेश बिल्कुल भी नहीं होना चाहिए बल्कि उनकी जगह पर उत्साह, अध्यात्म, साहस और सहयोग की खुशनुमा प्रवृत्तियां होनी चाहिए। इससे प्रत्येक व्यक्ति कर्मठता, कार्यशीलता, परस्पर सहयोग और भाईचारे की जीवित व साक्षात् मूर्ति होगा।

हमें ऐसी कल्पना को साकार करना चाहिए तभी हम सुख, समृद्धि व सफलता के अधिकारी कहला सकते हैं। हमारे प्राचीन ग्रंथों में जहां कहीं स्वर्ग पर जीत प्राप्त करने अथवा स्वर्ग का आनंद भोगने की बात कही गई है वहा इनका अर्थ आनंदमयी समाज की परिकल्पना से था।

संसार में कोई भी व्यक्ति उसके रंग-रूप से कम, उसके काम-काज के अनुसार ज्यादा जाना जाता है, क्योंकि रंग-रूप तो कुछ समय का मेहमान होता है। परंतु कामकाज के द्वारा अर्जित कीर्ति जीवनभर स्थापित करती है। आज हम अपने पुराने महापुरुषों का सम्मान उनके डील-डौल या रूप-रंग के कारण नहीं बल्कि उनके द्वारा किए गए बड़े-बड़े पराक्रम के कारण करते हैं।

यदि हम वैसे ही स्वर्ग समाज के निर्माण में हम अपना योगदान देना चाहते हैं, तो हमें अपने सम्मानित, स्मरणीय पराक्रमी पूर्वजों का अनुकरण करना चाहिए।

❑❑❑